FRUGALITÉ, LA CLÉ D'UNE SOBRIÉTÉ RÉUSSIE

Questions contemporaines

Chômage, exclusion, globalisation… Jamais les « questions contemporaines » n'ont été aussi nombreuses et aussi complexes à appréhender. Le pari de la collection « Questions contemporaines » est d'offrir un espace de réflexion et de débat à tous ceux, chercheurs, militants ou praticiens, qui osent penser autrement, exprimer des idées neuves et ouvrir de nouvelles pistes à la réflexion collective.

Dernières parutions

Lory GARCIA, *L'isolement des personnes avec un Trouble du Spectre de l'Autisme. Entre solitude et inclusion,* 2025.
Triantafyllia KADOGLOU, *La question féminine, Chronique d'un drame culturel mondial sans fin*, 2025.
Floyd NOVAK, *Mettons fin au productivisme, Pour une transition écologique radicale*, 2025.
Jean MELEUX, *Manifeste d'un citoyen engagé. Des propositions concrètes pour sortir de l'impasse*, série « Que faire ? », 2025.
Esin EKIZOGLU, *Vers les territoires mobiles émergents. De l'objet technique singulier aux pratiques urbaines partagées*, série « Questions urbaines », 2025.
Jean-Dominique SEVAL, *La fin de Babel et autres effets inattendus de la révolution numérique*, 2025.
Richard BATHOUM (dir), *Racisme institutionnel, école, police, entreprise*, 2025.
Marie-Madeleine DAMIEN, *Patrimoine des conflits : Interprétation et réconciliation des mémoires, Vers l'éligibilité du champ mémoriel au Patrimoine mondial de l'Humanité*, 2025.
Yves RAYNAUD, *Contre le pouvoir, Les Faiblesses des Hommes forts*, 2025.
Anna IGRANAÏSSI, *Instruire, manifester, démissionner*, 2025.
Jean Marc MONCORGER, *Intelligence artificielle et créativité humaine, Quelle créativité l'intelligence artificielle peut-elle développer ?* 2025.
Marie REETZ, *Le discours fasciste au Japon,1931-1945, « Forgez le corps et l'esprit »*, série communication, 2025.
Jean-Luc DUPRIEZ, *Construire un monde non capitaliste*, 2024.
Geoffroy BOYARD, Alexandre CANTONNET, Valentin CAQUOT, *Le rôle social de l'officier au XXIe siècle*, 2024.

Philippe Derouette

FRUGALITÉ, LA CLÉ D'UNE SOBRIÉTÉ RÉUSSIE

L'Harmattan

En couverture : Les vignobles de la Géria à Lanzarote (îles Canaries)

5-7, rue de l'École-Polytechnique, 75005 Paris
http://www.editions-harmattan.fr
ISBN : 978-2-336-55619-2
EAN : 9782336556192

AVANT-PROPOS

La sobriété donne rarement les résultats escomptés, et cela pour des raisons assez simples finalement. D'un point de vue sémantique, nous mélangeons allègrement les concepts de *frugalité* et de *sobriété*. Nous ne différencions donc pas la fin (la finalité), des moyens. Cette confusion induit un problème méthodologique, car nous axons tous nos efforts sur les moyens et rarement sur la fin. Tout compte fait, on s'accommode globalement assez bien de cette approximation, car elle nous évite de remettre en question la légitimation de nos aspirations. C'est pourtant là que réside l'origine d'une démarche de modération.

Cet essai ne prétend pas donner toutes les clés pour s'épanouir dans un monde moins matérialiste ; il procède au discernement de nos besoins et des moyens pour les obtenir, en insistant sur le caractère essentiel des besoins (frugalité), pierre angulaire de ce propos. Nous analyserons un certain nombre de réflexions en nous éloignant du monde de la technique pour nous recentrer sur l'humain et les sciences sociales.

Enfin, cet essai postule que la limitation de nos besoins est un point de départ dans l'atténuation d'un des facteurs de différenciation sociale entre les individus. Mais la limitation de nos excès et convoitises peut-elle voir le jour dans un monde inégalitaire ? On explorera toutes les pistes pour tenter d'y répondre.

INTRODUCTION

FAIRE FACE AU CONTEXTE SOCIO-ÉCONOMIQUE

Modérons nos ambitions : *Un développement socio-économique qui explose*

Si l'on observe la tendance du développement socio-économique[1] des deux siècles passés, on remarque une courbe exponentielle depuis une trentaine d'années du développement et de ses effets. Les climatologues Will Steffen, Paul Cruzen et l'historien John McNeill ont proposé le terme de « grande accélération » pour désigner ce phénomène, révélateur de bouleversements sociaux et environnementaux.[1]

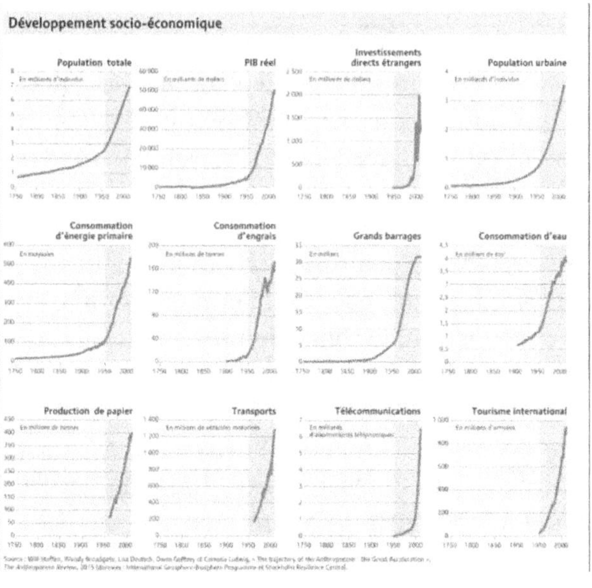

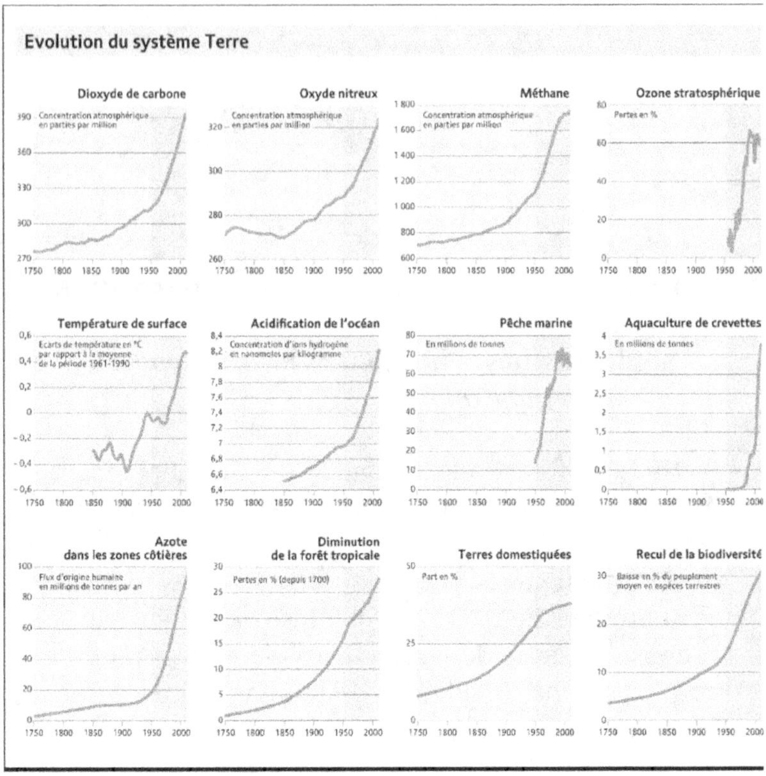

Au vu de ces graphiques, il y a donc des questions à se poser sur notre pouvoir d'inflexion de ces courbes et notamment par le biais d'une démarche de modération.

Changer de rythme

Nous arrivons à des limites de toutes natures : minerais, énergie, biodiversité, eau, etc. ; et nous sommes confrontés à des dysfonctionnements importants : climat, déchets, creusement des écarts sociaux, perte de sens… Continuer à ce rythme semble promis à un court avenir. Il serait raisonnable de faire un peu d'introspection pour trouver en nous-mêmes des solutions. Le choix de la frugalité, et conséquemment de la sobriété, est une des pistes que je vous propose d'explorer.

Une situation économique, écologique et sociale qui inquiète

L'explosion du développement socio-économique au niveau mondial des dernières décades nous impose de trouver des solutions pour ne pas épuiser toutes les ressources naturelles. C'est un risque réel, car l'emballement du rythme de production, de la consommation et du transport de marchandises entraîne la raréfaction, voire la déplétion, c'est-à-dire l'épuisement de ces ressources.

Tous les effets et perturbations liés à l'anthropocène (époque actuelle où l'être humain agit sur son environnement de manière significative) nous obligent à reconsidérer nos systèmes politiques, économiques et nos modèles sociaux et sociétaux. Plutôt que de pallier inlassablement les (in)conséquences induites par nos modes de vie, prenons le problème à l'envers et regardons s'il n'y a pas lieu de nous remettre en question nous-mêmes.

Explorons de nouvelles pistes en amont et interrogeons notre rythme de vie et notre degré d'exigence. L'une des premières réflexions porte sur l'accélération du modèle de production/consommation et le niveau de besoins des humains qui s'intensifient dans des délais toujours plus courts.

Le sujet est urgent, car notre modèle se confronte à des limites, déjà atteintes pour certaines (eau, énergie fossile, biodiversité…) ou menaçant de l'être pour d'autres (minerais, terres rares, uranium…) dans les années et décennies à venir.

L'époque des Trente Glorieuses (1945-1975) a fait naître la société de consommation et nous parlons depuis les années soixante-dix de plus en plus de sobriété orientée vers l'écologie. Elle se traduit généralement par une prescription, consigne ou injonction qui nous est donnée ou imposée. À cet égard, face à la dégradation de la situation, le gouvernement français nous a assigné en 2022 un plan de sobriété énergétique (cf. chapitre III) suivi d'un plan de sobriété de l'eau en 2023. L'ordre qui nous est donné ici est de réduire notre consommation d'énergie, d'eau ou d'autres ressources et de limiter nos déchets et nos émissions.

Si beaucoup de nos concitoyens partagent cette nécessité de modération, tous n'apprécient pas qu'elle nous soit ordonnée, sans prendre part, sinon à la décision, tout au moins à la consultation. La décision imposée, comme elle l'a été, présente un risque de ne pas être comprise, à fortiori de ne pas être acceptée, de lasser les citoyens et de rapidement devenir caduque.

Le spectre de la sobriété est évidemment beaucoup plus large que les ressources naturelles, l'énergie ou l'eau, et nous l'évoquerons largement par la suite. Au-delà des tarissements, pollutions, raréfactions, ou déchets, il y a plus généralement le problème d'encombrement de nos armoires, d'engorgement de nos données, de nos réseaux, et bien entendu de nos cerveaux qui nous concernent au premier chef. La sobriété et surtout la frugalité nous seront d'un grand recours si nous décidons d'examiner ces pistes.

FRUGALITÉ ET SOBRIÉTÉ ONT TENDANCE À SE CONFONDRE

Cela fait des siècles que l'on parle de *frugalité* et de *sobriété* ; et selon les périodes, davantage de l'une que de l'autre. De tout temps les notions de *frugalité* et de *sobriété* ont présidé à divers courants philosophiques (épicurisme, stoïcisme, cynisme…), politiques, religieux (ascétisme), ontologiques, à savoir « ce qui est bon pour l'être ». Au Ve siècle av. J.-C. déjà, Socrate faisait de la frugalité une finalité sociale, tandis que le philosophe grec

Épicure (-342/-270 av. J.-C.) basait sa doctrine sur le bonheur avec des besoins simples (frugalité). La sobriété et la frugalité sont également présentes dans la plupart des grandes écoles de la philosophie gréco-romaine, et la vertu de tempérance (ou de sobriété) joue un rôle important chez Platon et Aristote, parmi les quatre vertus morales cardinales (prudence, tempérance, force d'âme et justice).

Aujourd'hui, les termes *sobriété* et *frugalité* sont devenus quasiment synonymes pour nombre de personnes. Ce qui constitue une impropriété de langage, comme on le verra.

Le terme *sobriété* est devenu polysémique

Sobriété est un mot polysémique : il regroupe des concepts assez différents, les principaux étant la frugalité et la sobriété, bien sûr, mais aussi, la suffisance[4], la satiété, la simplicité volontaire, entre autres.

Nous nous concentrerons donc sur les deux sens majeurs que sont la frugalité et la sobriété. Nous évoquerons aussi les autres sens (suffisance, satiété…) qui sont également importants, mais moins structurants.

Par son côté générique, le terme sobriété est pratique d'utilisation, mais, très souvent, il prête à confusion. Pourquoi cela pose-t-il un problème ?

Notons que cela ne posait aucune difficulté du temps de la Grèce et de la Rome antiques où la sobriété et la frugalité étaient clairement deux notions distinctes. Ce n'est plus vraiment le cas aujourd'hui où la sobriété englobe la notion de frugalité, si bien qu'il n'est pas toujours aisé de s'y retrouver. On constate régulièrement l'emploi d'un des vocables pour l'autre et, inversement, quand ce n'est pas un mélange des deux. Cette méprise est problématique, car les vocables *sobriété* et *frugalité* renvoient à des contenus et des sens différents selon le contexte, les personnes qui les emploient et leur perception des nuances.

Bien qu'appartenant au même champ lexical, ils agissent sur des plans radicalement différents. Nous les séparerons donc pour mieux les analyser, puis nous les rapprocherons en les combinant, car ils sont rattachés à la même vertu de tempérance, guidée par l'objectif de modération. Il s'agit donc de les traiter globalement.

La sobriété : du sens moral à la réflexion écologique

Il faut bien admettre qu'à l'inverse de la période antique, ces notions de frugalité et de sobriété ont perdu aujourd'hui de leur sens moral, éthique et ne mobilisent pas les foules. Cependant, les récentes préoccupations environnementales et la crise économique ont redonné leurs lettres de noblesse à ces deux concepts, ainsi que le détaille l'helléniste Michel Casevitz[5]. Depuis ces dernières décennies, ces concepts relèvent davantage de la réflexion écologique contemporaine, en réponse à la limitation des ressources de la planète. Même si à notre époque, l'énergie s'impose au cœur des enjeux de la sobriété, il convient d'étudier la modération dans tous les domaines de la vie courante : consommation, production, ressources, énergie, objets, usages, données, informations, écrans, biens d'équipement, etc.

SÉPARATION DES CONCEPTS DE « FRUGALITÉ » ET DE « SOBRIÉTÉ »

Cette approximation dans la dénomination de chacun de ces deux concepts majeurs peut entraîner confusion et incompréhension (voir Chapitre II sur la frugalité). Mais pour être honnête, personne ne sait exactement ce qu'ils recouvrent. La sociologue et philosophe Dominique MEDA a concédé elle-même que *frugalité* et *sobriété* sont des concepts flous (*Le Monde*, 20 avril 2024).

Il est impératif de faire le distinguo entre les deux, car ces notions évoluent dans des domaines distincts, pour ne pas dire disjoints :

Celui de la « fin » (c'est-à-dire la finalité, les objectifs, les besoins) pour la frugalité.

Celui des « moyens » pour la sobriété qui vise à réduire la consommation de ressources et limiter les impacts pour répondre aux besoins.

Nous détaillerons ces deux domaines en insistant sur la « fin » où se forment les besoins que nous traduirons en « besoins essentiels[85] » grâce à une démarche de frugalité. Ils sont la clé de voûte d'une démarche de modération réussie. Si je m'attache à ranger les deux concepts dans des champs lexicaux distincts, ce n'est pas par pur exercice rhétorique, mais pour mieux les appréhender.

Une dichotomie s'impose donc entre la frugalité et la sobriété, car ils sont de nature différente (fin versus moyens). Ils deviennent exhaustifs quand on les rapproche, mais demeurent exclusifs quand on les considère unitairement. Le fait de les discerner va nous aider à mieux comprendre leur portée et à agir de façon différenciée sur les besoins et sur les moyens, ce qui sera déterminant pour développer des stratégies de modération, soutenables et durables. Je retournerais la fameuse citation d'Albert Camus ainsi : « Bien nommer les choses, c'est ajouter un peu de bonheur à ce monde ».

La frugalité et la sobriété agissent sur des domaines disjoints

Les notions de sobriété et frugalité sont recouvertes par le terme chapeau « sobriété » et relèvent :

Du domaine des objectifs/besoins pour l'un, la frugalité.

Et du domaine des moyens pour l'autre, la sobriété.

Si l'on agit au niveau des moyens (*sobriété*), on ne s'attaque absolument pas au but, à la finalité de départ. À contrario, si l'on agit au niveau de la fin et que le besoin que l'on se fixe est démesuré, ce ne sera pas possible de mettre en œuvre des moyens sobres. Dans tous les cas, il faut s'assurer que le besoin est non seulement utile, mais surtout essentiel.

Pour que cette démarche soit partagée et que les citoyens y adhèrent, il faut qu'ils la comprennent par eux-mêmes, qu'ils se l'approprient, voire qu'elle émane d'eux-mêmes. Quand elle est volontaire, la frugalité a ceci de spécifique qu'elle est avant tout une démarche personnelle et individuelle, un engagement qui doit ensuite rejoindre un collectif pour qu'elle soit valorisée. La frugalité relève d'une démarche philosophique de l'individu qui décide de lui-même comment il souhaite vivre, quels sont ses envies, ses objectifs, ses besoins profonds. Elle permettra à l'individu de simplifier ses besoins, de le décharger de servitudes et de contraintes pour lui permettre de s'ouvrir à d'autres activités épanouissantes.

Il « ne reste plus » qu'à trouver la façon d'intéresser et d'inciter les citoyens à découvrir les bénéfices apportés par la simplification des besoins. L'éducation et la formation devraient aider à accompagner cette transformation. Partant, la sobriété qui est l'action de mettre en œuvre des moyens sobres (réduction des ressources, d'énergie, etc.) pour réaliser ces besoins devra faire preuve d'ingéniosité, de créativité et d'imagination pour répondre aux besoins essentiels exprimés.

Réconcilier les deux concepts

On remarque très souvent dans les écrits, les conférences ou les échanges que la frugalité et la sobriété s'excluent ou s'opposent mutuellement. Nous montrerons que pour tendre vers la vertu de tempérance, il est indispensable au contraire de réconcilier les deux concepts et nous verrons les conditions de leur arrangement.

Pour bien comprendre leur portée, nous ferons un bond en arrière dans l'Antiquité, notamment avec des hellénistes. Nous nous appuierons sur les sciences humaines et sociales pour bien cerner l'étude. Philosophes, économistes, sociologues, anthropologues, penseurs, entre autres, seront de précieux témoins pour nous aider à bien circonscrire le sujet. Après avoir détaillé séparément les concepts de frugalité et de sobriété, nous les rapprocherons et mettrons en évidence leur synergie malgré leur dichotomie (ou peut-être d'ailleurs grâce à elle). C'est la conjugaison de ces deux concepts qui permet d'atteindre la retenue ou la modération recherchée.

Le risque d'une obligation à faire, d'une injonction est d'être mal comprise, mal interprétée ou tout simplement rejetée, car subie, d'autant qu'elle peut prendre une forme normative, voire punitive ou liberticide. C'est le propre de la sobriété que d'être prescrite. La frugalité (quand elle n'est pas une contrainte subie) répond à cette exigence de modération, car elle est nécessairement décidée par chaque personne. La sobriété sera tangible uniquement si le besoin afférent est essentiel[85].

Enfin, le développement de nos sociétés creuse un fossé de plus en plus grand entre les personnes privilégiées et les plus modestes. Sur la base de la frugalité et de la sobriété concourant à une démarche de modération, je proposerai un projet de société visant au rapprochement de ces deux catégories.

POURQUOI CET ESSAI ?

En première intention, il est destiné à clarifier les concepts de frugalité et de sobriété, et, pour bien comprendre, il faut remonter très loin dans l'Antiquité. D'une part, pour éviter les dissonances et, d'autre part, pour montrer les liens qui existent entre ces deux concepts, bien qu'agissant dans des domaines totalement différents. Ce qui permettra de mener une démarche de modération qui soit épanouissante, soutenable, bénéfique et pérenne, en évitant les écueils liés à leur indétermination. Enfin, il jette les bases de ce que pourrait être un grand projet de société humaniste autour de la vertu de tempérance.

Tout au long de l'exposé, j'insisterai sur la nécessité de déterminer en premier les besoins essentiels[85] (phase de frugalité), qui vont susciter la mise en œuvre de moyens sobres. Il demeure que c'est bien le couplage serré entre l'acte de frugalité et celui de la sobriété qui, pour finir, fait que la modération est atteinte.

J'évoquerai à la marge les autres notions que l'on peut rencontrer dans le terme « sobriété », à savoir la suffisance, la satiété, la simplicité choisie, la simplicité volontaire, etc. Non pas que ce soient des concepts mineurs, mais on retrouve ces notions distillées dans les deux notions de base étudiées ici.

Objectifs de cet essai

S'accorder une bonne fois sur le sens des termes *frugalité* et *sobriété* pour éviter une cacophonie et un usage approximatif.

Comprendre dans quel registre ils opèrent : l'un dans celui de la fin (frugalité) et l'autre (sobriété) dans celui des moyens.

Réaliser que c'est la conjonction des deux qui mène à une modération souhaitée, réelle et tenable.

S'appuyer sur ces deux concepts pour construire un projet de société sur le rapprochement des humains en s'attaquant aux barrières d'inégalité, cupidité, possessivité, domination.

Je mettrai l'accent sur la nécessité impérieuse que ces réflexions et ces projets ne laissent aucun individu de côté. Profitons de cette opportunité de réflexion pour rapprocher les citoyens sur des valeurs communes, accessibles, équilibrées et pérennes.

Enfin, je donnerai ma vision et proposerai quelques éléments méthodologiques pour parvenir à un meilleur équilibre de l'individu dans son environnement. Je présenterai des réflexions ou projets qui me semblent importants à engager, que ce soit au niveau personnel, d'un groupe de personnes ou de la société.

Interprétations nuancées de la sobriété et frugalité

C'est assez troublant de constater que même des experts de la tempérance font de la sobriété et de la frugalité une utilisation très différenciée, pas toujours rigoureuse, voire parfois, inappropriée.

En voici quelques exemples :

L'université de Paris-Dauphine emploie le terme « sobriété » dans tout son cours sur la société de consommation et notamment pour la méthode BISOU (Besoins Immédiat Semblable Origine Utile). Alors qu'il s'agit de frugalité dans tout son exposé[87].

On parlera par exemple de « sobriété heureuse » chez Pierre Rabhi[2] ou le Pape François[6]. Dans les deux cas, selon moi, il s'agit de frugalité et des besoins essentiels pour l'Homme.

On observe également des variantes : frugalité heureuse et créative pour Philippe Madec[53] dans son manifeste à propos de l'architecture. Ici, une redondance entre « frugalité et « heureuse » : la frugalité est par essence heureuse quand elle est décidée de façon délibérée (ce qui ne s'applique évidemment pas en cas de parcimonie imposée). Dans son manifeste, P. Madec décline la frugalité en quatre domaines : la frugalité en matière, la frugalité en technologie, la frugalité en énergie et la frugalité en territoire. Selon moi, ces quatre domaines relèvent de la sobriété et non de la frugalité.

L'ADEME (Agence de l'environnement et de la maîtrise énergétique), dans son étude *Panorama sur la notion de sobriété*[8] utilise davantage dans son champ lexical le terme *sobriété.* En lieu et place de ce que je nomme *frugalité* (au niveau de l'économie des besoins) et « efficacité énergétique » que je nomme *sobriété* (au niveau de l'économie des moyens)

Même remarque pour l'association Négawatt, qui utilise le même lexique que l'ADEME et associe la sobriété à la réduction du besoin à sa source. Ce qui relève précisément à mon sens de la frugalité et pas de la sobriété et met en place également le concept d'efficacité énergétique (comme l'ADEME) pour ce que je nomme *sobriété* dans l'économie des moyens.

PLAN

Dans cet essai :

Je clarifierai les termes *frugalité* et *sobriété* pour éviter cette dissonance dans leur utilisation, susceptible de brouiller la compréhension et les analyses.

Je placerai la frugalité dans le domaine de la « fin » (la finalité) et la sobriété dans celui des « moyens » (cf. schéma de synthèse en fin de chapitre I).

Je procéderai à une dichotomie des deux concepts (frugalité et sobriété) mettant en exergue leurs caractères réciproquement exclusifs et exhaustifs.

Je démontrerai qu'un processus de modération complet doit nécessairement être composé de frugalité et de sobriété et donc qu'elles sont indissociables.

J'insisterai sur le fait que l'origine de cette démarche est toujours la frugalité (détermination des besoins essentiels).

En conclusion, je présenterai quelques pistes et quelques ouvertures qui tendent vers la simplification.

***

Nous avons déjà évoqué ci-avant la polysémie du mot « sobriété » et de la confusion que cela peut générer avec l'autre concept majeur qu'est la frugalité.

Nous partirons volontairement de l'essence même de l'Homme et de ses désirs, desquels nous déclinerons les besoins.

Nous rappellerons, aidés d'Aristote[10], ce que sont la fin et les moyens, et Ivan Illich nous donnera son avis sur les risques de confondre ces deux notions[9].

Puis nous définirons ce qu'est la *frugalité*, ce qui permettra d'introduire les « besoins essentiels », et ce qu'est la *sobriété*, moyens sobres pour y répondre.

Ensuite, nous affinerons pour chacun de ces concepts, leurs attributs et leur nature sous des angles divers. Ce qui nous amènera à les ranger dans la catégorie de la fin ou de celle des moyens.

Enfin, après les avoir séparés et examinés, nous relierons ces concepts dans un ordre bien précis et nous mettrons en évidence les leviers les plus forts pour espérer atteindre des résultats de simplicité, d'économie de moyens et de ressources de façon pérenne.

Si la démarche est maîtrisée à petite échelle, il restera à la déployer plus largement : c'est un chantier d'ampleur qui devrait mobiliser majoritairement les experts des sciences humaines et sociales. Il fera l'objet d'une ouverture dans la « Conclusion ». Ce chantier devra être développé en dehors de cet essai.

Pour parachever l'étude, je proposerai en conclusion un projet de société humaniste dont l'objectif serait de réunir les Possédants jusqu'aux Indigents autour des besoins essentiels. Encore une fois, le choix de simplicité ne se présente pas à tous, des millions d'individus n'ont pas choisi de vivre une vie frugale, ils la subissent et n'ont ni les moyens ni le ressort pour s'en échapper. Ceux-là sont victimes d'une parcimonie forcée. Nous ne résoudrons pas ici cette situation d'urgence, mais je proposerai ce projet (sans doute utopique) décrit dans une ouverture du chapitre « Conclusion » qui tentera de rapprocher les individus qui « choisissent » de ceux qui « subissent ».

I
LA FIN ET LES MOYENS, THÉÂTRE DES DÉCISIONS ET DES OPÉRATIONS

DU DÉSIR AUX BESOINS ESSENTIELS

Au commencement était le désir

Parler de frugalité et de sobriété nous oblige nécessairement à considérer le besoin. Mais il faut encore remonter d'un cran pour évoquer l'origine de ce besoin qui naît d'un désir, comme le précise Aristote[10], et qui, pour Spinoza, est l'essence même de l'Homme[11]. Tout commence donc par le désir. Nous n'allons pas approfondir ici tous les méandres philosophiques ou psychanalytiques attachés au désir, cette notion équivoque entre être et non-être, manque et plénitude, joie et souffrance... Le désir est en soi un thème à part qui n'a pas besoin d'être explicité ici pour éclairer notre propos. Je propose de nous appuyer sur la classification qu'en donne Épicure pour nous diriger ensuite vers le besoin, qui est la pierre angulaire de toute démarche de frugalité, qui induira ensuite la mise en œuvre de moyens sobres.

On peut aussi se référer au livre de Simon-Pierre Chevarie Cossette[7,] car il complète cet inventaire avec le point de vue de l'école des cyniques, école socratique, antérieure à celle d'Épicure, mais qui la rejoint par certains côtés sur la vertu, la sagesse et sur la frugalité (spécialement sur la nécessaire limitation des besoins).

Selon Épicure, donc[12], il y a trois sortes de désir :

Naturels et nécessaires : alimentation, sommeil, hydratation...

Naturels et non nécessaires : sexualité, habillement, philosophie, liberté, culture, relations sociales...

Non naturels (ou désirs vains) : recherche de gloire, accumulation de richesse, désir de possession, ambition, etc.

Il faut entendre par « nécessaire », « vital » et par « non naturels », « artificiels ».

Tentative de ciblage des besoins fondamentaux de l'être humain

En 1954, le psychologue américain Abraham Maslow a représenté les besoins humains fondamentaux dans sa fameuse pyramide (la pyramide de Maslow[14]). Il a théorisé une hiérarchie des besoins en considérant la motivation de l'individu, propre à nous pousser à légitimer nos besoins. Sa théorie a fait l'objet de critiques assez nombreuses ; notamment celle de segmenter un peu trop schématiquement la structuration du « moi » dans la pyramide, alors que de très nombreux facteurs interviennent et rendent interdépendantes certaines de ses caractéristiques, rendant impossible une segmentation claire. Qui plus est, il n'y a jamais vraiment eu d'expérimentation scientifique validant cette théorie. Il semble donc nécessaire de réévaluer cette théorie en l'adaptant à une société avec un paradigme culturel très différent de celui de 1954.

Partant de ce besoin, une démarche de frugalité s'amorce pour définir son caractère essentiel qui inférera la démarche de sobriété qui présidera à sa réalisation.

Concernant le bien-fondé de certains besoins, notons la position de Diogène de Sinope, philosophe antique appartenant à l'école des cyniques : « *La vie des humains est facile, mais cette facilité leur échappe à cause de leurs faux besoins.* »

Du désir au besoin

Le désir relève de la pensée et se manifeste sous forme de besoin qui est primordial dans la recherche de modération/sobriété. Il est important de partir de désirs et de besoins exploitables. Car, rappelons-nous la mise en garde expresse d'Épicure : « *un désir qui ne peut jamais être satisfait est tout simplement un mauvais désir* ».

Le philosophe Schopenhauer est beaucoup plus sombre sur le terrain du désir, qui représente précisément pour lui le siège de nos souffrances : « *tout vouloir procède d'un besoin, donc d'une privation, c'est-à-dire d'une souffrance* ». Il défend la thèse que la satisfaction de nos désirs est insuffisante au bonheur et, par conséquent, la condition de l'Homme est inévitablement malheureuse. Pour échapper à la souffrance, selon lui, il faudrait se libérer des désirs et donc les abolir[13].

Forts de la mise en garde de Diogène de Synope (cf. paragraphe précédent), nous veillerons à toujours pointer vers des besoins primordiaux en évitant « ce cycle infernal » proposé par le philosophe allemand Schopenhauer.

Le mythe du désir infini

Avec l'accélération des techniques, notre satisfaction est rapidement comblée et cela nous incite à désirer de plus en plus. Ce qui fait dire au haut fonctionnaire Jean-Baptiste de Foucauld[15] que « *La satisfaction du désir est devenue normale et légitime, et c'est l'insatisfaction qui choque désormais* ». Le problème, pour l'auteur, est que « *ce processus de satisfaction des désirs n'est pas maîtrisé, ce qui conduit à confondre légitimation et illimitation et si la structure même de la société ne change pas, il n'y a aucune chance que cette course infinie de satisfaction des désirs matériels ne s'arrête.* »

Pour plusieurs raisons, il faut sortir de l'idée selon laquelle la satisfaction de tout désir est légitime.

L'existence de besoins essentiels universels ?

S'appuyant sur la théorie marxiste des besoins, les philosophes André Gorz et surtout Agnès Heller[16] ont développé une théorie cherchant à déterminer les vrais besoins des faux, les besoins réels ou imaginaires, vitaux ou superflus. La conclusion est qu'il n'est pas possible d'établir des standards, car tous les individus sont différents et que ce qui est essentiel pour l'un ne l'est pas pour les autres. Seul un régime autoritaire pourrait en décréter une hiérarchisation et un arbitrage. En partant de ces travaux, le sociologue Razmig Keucheyan fournit un cadre détaillé des formes d'aliénation engendrées par la prolifération des besoins artificiels et pose la question cardinale : de quoi avons-nous (vraiment) besoin ?[17] Le besoin essentiel résulte donc bien de la démarche de frugalité. On trouve dans la littérature diverses expressions qui expriment la même idée : besoins vrais, justes, réels, vitaux, etc. Pour la suite de notre réflexion, nous utiliserons l'expression « besoins essentiels ».

Distinguer l'essentiel du superflu

Tout le monde comprend ce que le mot « superflu » représente : une espèce d'artefact issu de nos choix ou de nos pratiques, dont on pourrait très bien se passer, mais qui ne prête pas à conséquence et pour lequel nous ne nous formalisons pas. Mais le haut fonctionnaire Jean-Baptiste de Foucauld[15], encore une fois, ne laisse pas passer cette attitude désinvolte et pousse l'analyse plus en profondeur. Il dit que « *la séparation est nécessaire entre l'essentiel et le superflu, trop systématiquement agréé et même accéléré du fait de la légitimation du désir et de la satisfaction la plus rapide possible.* » Et il ajoute à propos du superflu et c'est en cela qu'il va plus loin : le superflu, c'est « *un prélèvement inutile ou irrationnel sur des biens qui seraient nécessaires à autrui* (…) *prélèvement indu sur les besoins des générations actuelles et futures.* »[15] Il rejoint en cela la thèse principale de Hans Jonas sur le « *Principe responsabilité* » et la perpétuation des dérèglements et de leur caractère redevable à ceux qui vont suivre[18]. Pour lui, l'homme en tant qu'individu libre et doté de connaissances est responsable de son action et peut donc décider de l'avenir de l'Humanité, de la faire subsister ou non.

Économie des besoins/Économie des moyens

Économie des besoins

La première aspiration de l'Homme est la satisfaction de ses besoins.

Je regroupe sous le terme « économie des besoins » le système qui permet d'organiser tous les éléments et les constituants pour déterminer les besoins essentiels, établis par la frugalité. J'emprunte ici cette dénomination « économie de besoins » au titre du livre du haut fonctionnaire, Jacques Fournier, qui considérait que le service public devait veiller à ce que les besoins humains fondamentaux soient satisfaits. La manière dont les besoins sont exprimés engendre une économie permettant de les satisfaire. Ce qui nécessitait selon lui de le simplifier et le rendre plus efficace pour remettre l'individu au centre du dispositif[19]. En ce sens, cet essai, bien que ne traitant pas exactement la même problématique, a tout de même en commun les besoins de l'individu, leur prise en charge et leur réalisation.

Économie des moyens

Je nommerais « *économie de moyens* », le système qui permet d'organiser tous les éléments et les constituants qui contribuent à la mise en œuvre des besoins essentiels (établis sur le principe de la frugalité) dans une recherche de modération portée par la sobriété. Platon, quant à lui, nommait « *science des fins* », ce qui décide de l'usage et

« *science des moyens* », ce qui relève des moyens et des techniques permettant de mettre en œuvre ledit besoin[20].

Un moyen pour une fin

Un « *moyen pour une fin* » désigne, en philosophie, toute action (le moyen) effectuée dans le seul but d'obtenir quelque chose d'autre (la fin)[21]. Dit autrement, la fin (ou objectifs) est ce que nous cherchons à faire. C'est fondamental pour Nietzsche, pour qui « *la vie n'est digne d'être vécue seulement si nous avons des buts à atteindre.* » Et les moyens sont ce que nous utilisons pour réaliser ce que nous souhaitons faire.

Aristote[10] considérait que les « *fins sont données par la vertu et les moyens, par le raisonnement.* » Selon lui, le désir duquel naît le besoin (la fin) déclenche une action (le moyen) permettant de le réaliser. Mais il n'établit pas de primauté entre la fin et les moyens, car il peut y avoir une dissonance entre les deux du fait de leur interaction.

Pour Socrate, la recherche du besoin modéré relève d'une vertu. Autrement dit, la frugalité vise le caractère indispensable du besoin inhérent à l'être humain pour qu'il devienne un besoin essentiel.

Platon suit le même cheminement, mais considère les moyens (l'action) comme dépendant de la décision (l'esprit, la fin). Il établit donc une hiérarchie très nette entre les deux domaines.

Thomas d'Aquin apporte, quant à lui, des précisions de moralité à l'analyse aristotélicienne en accentuant le rôle de la volonté pour définir la « fin ». Pour aller plus loin avec Thomas d'Aquin, lire : *Les éléments de la moralité des actes* [22].

Toutes ces considérations attestent que la frugalité appartient à la catégorie de la « fin » et la sobriété à celle des « moyens ».

Interactions entre la fin et les moyens

Même si une dichotomie s'opère entre la fin et les moyens, cela ne signifie pas pour autant que ces deux ensembles sont étanches. Il y a toujours des interactions entre le but et les moyens (cf. schéma en fin de ce chapitre). À certaines étapes, la réalisation d'une action mise en place peut constituer une fin qui peut à son tour devenir un moyen pour autre chose.

C'est souvent la somme des moyens qui réalise la fin.

Risques inhérents à la catégorisation : fin versus moyens

Les risques inhérents à la catégorisation sont de plusieurs ordres :

Logique/Méthodologie : mélanger la fin et les moyens (I. Illich, *La Convivialité*, p.137). Ivan Illich précise « *On n'insistera jamais assez sur la distinction entre les fins et les moyens, entre le procédé et la substance.* »[9]

La fin ne justifie pas les moyens :

Les choix opérés dans l'économie des moyens ne doivent pas être en contradiction avec les objectifs fixés dans l'économie des besoins.

On écarte les moyens néfastes ou inacceptables pour atteindre une fin bénéfique.

Le Philosophe Hegel nous alerte sur cette distorsion : *« On ne saurait user un moyen empreint de méchanceté pour obtenir quelque chose de bon. Le but ou l'intention ne sanctifie pas les moyens. La bonté de la conduite elle-même n'est pas moins essentielle que celle de l'intention. »*[23]

Un autre philosophe allemand, Karl Popper, renchérit et se demande comment contrôler que les moyens utilisés seront acceptables : *« Par exemple, si l'on déclenche une guerre civile longue et sanglante pour établir un monde de paix et de beauté »*[24]. Ce qu'exprime également Martin Luther King quand il énonce que *« les moyens destructeurs ne peuvent aboutir à des fins constructives.* »[25]

Relation formelle entre la fin et des moyens

Deux conceptions s'opposent. Ceux qui considèrent que la fin et les moyens sont plutôt indépendants (vue machiavélienne) et ceux qui envisagent leur relation comme analytique (vue kantienne). « *Ces divergences de vues peuvent être résolues grâce à la théorie constructive des types si l'on considère la fin d'une action comme le type des moyens aptes à réaliser cette fin* », nous éclaire le philosophe Guido Löhrer.

C'est à ce titre que la théorie mathématique constructive des types peut s'appliquer aux deux modèles : la théorie de l'esprit (la fin) et celle de l'action (les moyens).

Pour aller plus loin dans cette analyse mathématique associée aux sciences humaines, voir la théorie de Guido Löhrer[26].

Des approches de la fin et des moyens qui convergent

Fin et conséquences :

Cette variante de « la fin et des moyens » est proposée par le philosophe Eric Delassus, qu'il nomme « *fin et conséquences* ». En substance, la fin désigne une intention. Ce qui reste en phase avec l'approche standard. La conséquence correspond à un effet produit par une cause selon une nécessité qui n'est pas guidée par une volonté. Le philosophe substitue ici les « conséquences » aux « moyens ».[27]

La fin et les moyens d'Aldous Huxley

En résumé, Aldous Huxley mène une enquête humaniste sur la nature des idéaux (la fin) et sur les méthodes employées pour leur réalisation (les moyens). Il explique en substance que les moyens techniques, dénués de charité, sont un écueil à la réalisation des idéaux.[28]

Martin Luther King :

Selon Martin Luther King, la fin (qu'il nomme le « *but* ») et les moyens doivent être cohérents, parce que le but préexiste aux moyens[25].

Dans notre propos, nous détournerons ces paroles de Martin Luther King pour dire que « des moyens fastueux ne peuvent aboutir à des fins frugales ». Et la réciproque est vraie : des fins frugales ne doivent pas mobiliser des moyens fastueux, ce qui conduirait à aller en contradiction avec la recherche de sobriété. Il faut conserver une cohérence dans l'action de modération.

Prenons un exemple. La problématique est la suivante : je cherche à consommer moins de carburant pour me déplacer. Il s'agit là de l'objectif, la fin.

Plusieurs choix s'offrent à moi : ce sont les moyens.

J'achète une nouvelle voiture plus récente qui consomme moins.

Je limite mes déplacements en voiture et varie mes moyens de locomotion.

J'arrête de me déplacer avec mon propre véhicule.

Si je raisonne au niveau des moyens, j'ai trois choix qui répondent tous à des critères de sobriété. Lequel choisir si j'ai perdu de vue la finalité ?

À contrario, si je raisonne au niveau de la fin, dans une démarche de frugalité (consommer moins), j'analyse mon besoin initial et je peux en conclure que je n'ai pas vraiment besoin d'une voiture personnelle. La démarche de frugalité m'a permis de simplifier mon niveau d'exigence.

Cette approche de l'essentiel a orienté naturellement vers le juste moyen, à savoir, éliminer mon véhicule personnel.

Résumons-nous

Désir :

Nous sommes partis de l'individu et de ses désirs, domaine de la pensée : essence de l'Homme pour Spinoza[11], ambivalente chez Platon (voir *La République*[20] et *Le Banquet*[30])

La notion est plus mesurée chez Épicure, qui classifie les désirs en :

- Désirs naturels et nécessaires,
- Désirs naturels mais non nécessaires,
- Désirs ni naturels ni nécessaires.

Besoin :

Partant de ces désirs, l'émanation des besoins qui ont un horizon fini d'exigence, un idéal qui doit s'accomplir pour éviter une souffrance (principe typiquement épicurien).

Frugalité (Besoin essentiel) :

La démarche de frugalité, comme nous le verrons plus loin, est de nature qualitative, elle nous permet de privilégier les besoins essentiels.

La fin :

Du désir au besoin (essentiel) que nous avons défini dans la partie « fin » (finalité, objectif, but fixé) est le projet que l'on soumet aux « moyens » qui sont les instruments qui permettent la réalisation des besoins.

Les moyens :

Nous continuons par l'étude des « moyens » qui va rendre possible l'accomplissement de la « fin » pour atteindre le but fixé par des actions (que l'on souhaite sobres dans notre cas) à mettre en œuvre pour atteindre le but (donner corps aux besoins essentiels).

Cette phase mobilise un ensemble d'outils (au sens où Ivan Illich[9] l'entend, c'est à dire l'ensemble des moyens, instruments, procédés, réflexion, créativité, ressources, techniques adéquates, etc.) et conduit à un choix rationnel ; Aristote disait : « *Nous délibérons non pas sur les fins elles-mêmes, mais sur les moyens d'atteindre les fins.* »[31]

Sobriété :

Nous sommes dans une recherche de modération dans la phase des « moyens » qui répond à la « frugalité » (issue de la phase de la « fin »).

Action :

L'action est ce qui permettra d'ajuster les ressources et les moyens au strict nécessaire et d'accomplir l'action caractérisée par le besoin initial.

SCHÉMA DE SYNTHÈSE SUR LE CHAPITRE « FIN ET MOYENS »

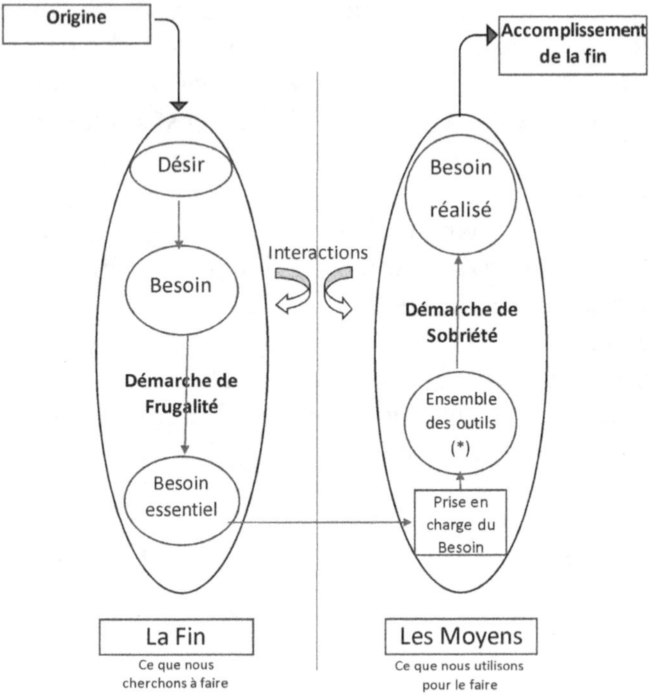

Légende (*) : Ivan Illich nomme "outils" l'ensemble des instruments et moyens : Méthodes, techniques, procédés, sciences, innovation, ressources, ...[9]

II
LA FRUGALITÉ, RECHERCHE DU BESOIN ESSENTIEL

LES RACINES DE LA FRUGALITÉ

L'articulation des concepts autour de la fin et des moyens étant faite, nous pouvons développer le cœur de notre étude, à commencer par la frugalité.

Origine du terme « frugalité »

La frugalité a pour racine latine *fructus*, le fruit, la récolte. La frugalité, c'est d'abord « *ce qui produit* ». C'est la « *bonne récolte des fruits de la terre* », selon l'expression d'Apulée, poète et philosophe de l'Antiquité (124 apr. J.-C.). On ne cultive que ce qui nous est nécessaire, pas davantage. Avec la frugalité, il y a l'idée d'une abondance, mais aussi d'une juste utilisation de celle-ci. Une utilisation qui n'épuise pas les ressources et qui répond à une utilisation nécessaire et non gaspillée.

L'image de cette terre nourricière est symboliquement importante pour l'IRD (Institut de recherche pour le développement). « *La terre fournit la quasi-totalité de la nourriture terrestre, porte jusqu'à 80 % de la biomasse des écosystèmes terrestres, héberge plus du quart de la biodiversité, contribue à l'atténuation du changement climatique (séquestration naturelle du carbone), épure l'eau et les contaminants. Elle est une ressource rare.* »[32].

Associer la frugalité avec cette ressource vitale donne d'emblée des indications sur l'aspect qualitatif de la frugalité, d'une certaine forme de générosité, voire d'abondance (si tant est que l'on en maîtrise sa production).

La frugalité : qu'est-ce que c'est ?

La frugalité définit les usages selon les besoins essentiels. Il ne s'agit absolument pas de générer un manque, mais de calibrer le juste besoin. On ajuste au plus près les besoins et les ressources. On peut aussi la qualifier de : retenue, parcimonie, modération, simplicité.

On verra par la suite comment répondre à ces besoins essentiels dans la « phase des moyens », en s'adossant à une démarche de sobriété utilisant des moyens simples, accessibles, pérennes et économiques.

Ne pas confondre frugalité volontaire et parcimonie forcée.

Dans le cas de la frugalité volontaire, les personnes nanties peuvent adopter pendant un temps un mode de vie plus simple et ont généralement le sentiment d'améliorer leur qualité de vie.

Dans le cas de la parcimonie forcée, des millions de personnes sont contraintes, par la force des choses, à la parcimonie imposée, et elles ne s'en portent pas mieux pour autant.

Car n'oublions pas que, si les personnes les plus aisées peuvent s'autoriser le choix de la frugalité ou de la sobriété, la parcimonie est imposée à une grande partie des individus qui n'ont pas le luxe de modérer leurs besoins. N'en faisons donc pas un faux problème qui affecterait les seules personnes nanties souhaitant se racheter d'une condition, par trop avantageuse, pouvant contribuer au déséquilibre social.

COMPRENDRE LA FRUGALITÉ : LA PHILOSOPHIE NOUS ÉCLAIRE

La frugalité, émanation de la philosophie épicurienne

Remontons à la Grèce antique et plus spécialement à l'époque hellénistique. Pour le philosophe Épictète, figure de proue des stoïciens au IIIe siècle av. J.-C., la vie de luxe est une vie insensée, car elle encombre notre existence d'une myriade de soucis inutiles. Il faut s'entraîner à ne pas désirer toujours plus par des exercices physiques et spirituels. Du côté d'Aristote, la morale consiste à goûter de tout avec modération, car le monde est contingent ; nous avons le pouvoir de le rendre différent de ce qu'il est actuellement. Mais c'est vraiment chez Épicure que prend forme cet art de vivre. Comme vu ci-avant, on la trouve dans l'autre grand mouvement qu'est le stoïcisme, mais il y a un côté ascétique très prononcé et je ne m'inscris pas dans cette vision trop rigoriste. Chez Platon, Aristote et même chez les cyniques, on retrouve cette notion, mais restons chez les épicuriens pour qui la frugalité est la clé de voûte de leur philosophie.

La frugalité, une arme politique des Romains de l'Antiquité à nos jours

Le prêtre François-Xavier Esponde[34] nous rappelle que les Romains, sous l'égide notamment de Caton l'Ancien, faisaient de la frugalité un argument et un instrument politique pour combattre et pour régner dès le IIe siècle avant notre ère, contrebalançant ainsi la réputation délétère associée aux fastes et aux excès de l'aristocratie romaine. La frugalité a donc servi à combattre « *la déliquescence des vices qui nuisaient à l'élite aristocratique* », constate le prêtre François-Xavier Esponde[34].

Dans le même temps, l'orateur romain Cicéron (-106 av. J.-C., -43 av. J.-C.), également avocat et politicien très influent, grand lecteur d'Épicure et de la pensée des stoïciens, entreprit le projet de vulgariser la philosophie grecque en latin pour le public romain[33] et traduisit la notion de tempérance par le terme « *frugalité* »[35]. Les historiens de l'Empire romain aiment à rapporter que, dès le IIe siècle av. J.-C., la frugalité aidait le pouvoir impérial à exercer une stratégie pour régner.

Ainsi, la frugalité, née chez les Grecs au IVe siècle av. J.-C., s'est propagée très rapidement chez les Romains par le truchement de Cicéron notamment. Au fil du temps des manifestations contre la consommation se sont déclarées, ainsi au XVIIIe siècle, en Angleterre. Ce n'est qu'à partir des années 2000 que ces divers courants philosophiques ayant trait à la frugalité utiliseront des arguments écologiques.

Dimension éthique

La frugalité selon le philosophe James Griffin[36] n'est pas une vertu, au sens où la philosophie l'entend, à savoir « *une disposition de l'être sans laquelle celui-ci ne saurait sortir indemne des épreuves ordinaires de l'existence* ». Comme nous l'avons vu, les quatre vertus cardinales reconnues depuis l'Antiquité grecque sont la prudence, la tempérance, la force d'âme et la justice. Je me rangerais davantage à l'opinion de Socrate (reprise par Platon) qui stipule que « *la vertu est la capacité de vivre au quotidien selon un certain nombre de principes et de valeurs dont la pratique permet de mener une vie morale, c'est-à-dire d'agir en conformité avec ce qu'on pense.* »

Pourquoi aller jusqu'à la frugalité ?

Il y a bien entendu dans cette démarche une recherche de modération dans les besoins émis. Mais pourquoi devrions-nous aller jusqu'à la frugalité qui est l'antonyme de « l'excès » ? Pour être clair, la frugalité tend vers une forme de parcimonie, mais ne peut-on tendre vers la vertu de tempérance sans aller jusqu'à cette extrémité ?

Le philosophe James Griffin[36] se demande si un comportement juste et modéré, confortable, mais sans largesse, sans gaspiller, mais sans aller jusqu'à la frugalité ne serait pas suffisant. Il s'interroge sur « *les raisons profondes qui peuvent inciter à adopter un mode de vie frugal et en déduit qu'il y a d'autres raisons profondes qui vont au-delà des économies financières, d'une conscience environnementale, ou d'une simple envie de réduire un peu le train de vie.* »

J'y vois plusieurs raisons profondes :

- L'état de liberté qui supprime des contraintes ou des entraves diverses (désaliénation).
- Une recherche de sérénité.
- Une autonomie liée à l'autosuffisance.
- Gain de temps pour s'adonner à des activités épanouissantes.
- Et potentiellement une moindre dépendance à l'argent.

Au-delà de toutes les contingences économiques, environnementales, citoyennes, ou autres, il y a un intérêt d'ordre philosophique qui relève de l'ontologie (sens de la vie, de la métaphysique – connaissance de l'être, ou de l'axiologique – science des valeurs) qui anime la personne épousant ce mode de vie.

Nous avons vu que la qualité de vie est souvent perçue comme l'assouvissement de nos désirs. Mais cette croyance nous expose directement à un problème de limites, car une fois un besoin satisfait, un autre se présente.

Finalement, le fait de vouloir réaliser toutes ses envies est non seulement un puits sans fin, mais le plus grave, est :

- Que cela crée des dépendances, voire des addictions.
- Génère des servitudes (gestion, déplacements, énergie, argent).
- Et on peut aller jusqu'à ressentir une sorte de subordination pouvant confiner à un sentiment d'aliénation.

Cela nous empêche par là même de disposer de notre temps et de notre cerveau pour nous adonner à des activités épanouissantes pour notre être qui vise à une certaine forme de tranquillité d'âme, l'ataraxie (concept introduit par le philosophe grec Démocrite, contemporain d'Aristote, ve siècle av. J.-C.).

Pour répondre à la question « est-il nécessaire d'aller jusqu'à la frugalité ? », je dirais que, si nous voulons tendre vers moins de contraintes et plus de libertés, il est préférable de limiter nos besoins à l'essentiel. Donc oui, il faut explorer cette démarche. Nous verrons par la suite que c'est également la voie pour atteindre plus de sobriété.

LA FRUGALITÉ : UNE DÉMARCHE PERSONNELLE ET PHILOSOPHIQUE

La frugalité est une démarche individuelle qui a pour intérêt d'être pleinement décidée par la personne. Toutefois, elle a son revers : il n'est pas évident de la diffuser, car elle est précisément… personnelle. Cette problématique fait partie des travaux de recherche à mener que nous aborderons dans le chapitre IV, *Le tandem frugalité-sobriété, les objectifs en actions*.

La frugalité : une question d'équilibre

On peut dire que la démarche frugale est l'art de se satisfaire de choses simples, peu abondantes, peu sophistiquées. Et quand on parle de frugal, il faut s'ôter de l'esprit que cela entraîne de la privation du fait d'un manque de moyens ou de l'abstinence par effort de volonté. Ce n'est ni plus ni moins qu'un choix qui répond à une exigence d'équilibre, de juste ligne de partage entre le nécessaire et le superflu. Il faut davantage considérer la démarche frugale comme une quête de bonheur et de liberté, plutôt qu'une entrave à l'épanouissement de l'individu. La frugalité n'est pas un pis-aller, ou un appel à se serrer la ceinture. Elle se présente au contraire comme une philosophie alternative, une vision de la vie qui instaure une exigence d'équilibre non seulement à l'échelle sociale entre les différentes classes, mais aussi à l'échelle humaine entre besoins et moyens. Dans la mesure où elle relève d'un choix délibéré de l'individu, j'ajouterais qu'il n'y a de frugalité qu'« heureuse ».

La frugalité : ni sacrifice ni renoncement

Dans une société vouée à la consommation, la frugalité ne rime pas avec sacrifice ou renoncement. Elle demande, certes, que l'on reste modéré dans sa consommation et simple dans son mode de vie, non pas pour d'abstraites raisons d'ascétisme ou d'abnégation, mais parce qu'une telle attitude permet de privilégier d'autres dimensions de la vie humaine qui sont plus satisfaisantes et enrichissantes pour l'individu. En définitive, la frugalité dégage du temps disponible, libère de contraintes, élimine des servitudes, génère moins de dépenses, aplanit potentiellement les inégalités, réduit la consommation, limite les impacts sur l'environnement, peut rendre moins dépendant aux réseaux sociaux et aux technologies… la liste est longue ; libre à chacun de se la constituer.

Quand la frugalité devient synonyme de libération

Elle ouvre sur des nouvelles activités enrichissantes, recouvre certaines formes de liberté, régénère son libre arbitre, rend la vie quotidienne moins trépidante et conduit à la sensation de plénitude, d'absence de troubles, jusqu'à la sérénité.

La frugalité, une quête de soi

La frugalité (quand elle n'est pas contrainte, bien sûr) résulte toujours d'un cheminement personnel. La frugalité ne s'apprend pas et on ne peut pas nous l'imposer. On peut faire le récit de son engagement, des effets produits et des bénéfices apportés, mais on ne peut pas enjoindre à quelqu'un de s'y engager. Elle résulte d'une quête de soi, nécessairement philosophique donc.

La qualité majeure du comportement frugal est qu'il est sincère, délibéré, résolu, et que les choix en résultant sont par nature heureux et ad hoc. Le comportement frugal véhicule également une valeur positive, fructueuse. C'est pourquoi la surcharge de la « frugalité » avec l'attribut « heureuse », comme pour insister encore davantage sur cette qualité intrinsèque de la frugalité, est presque superflue (cf. *Le Manifeste de la frugalité heureuse*, Philippe Madec, Dominique Gauzin-Müller et Alain Bornarel)[53]. La frugalité (choisie) est par essence « heureuse ».

La frugalité, cet objet difficile à manier

On a vu jusqu'ici que les désirs de l'individu engendrent ses besoins et qu'une démarche de frugalité permet de les affiner pour les rendre essentiels.

Insistons sur le fait que la démarche de frugalité est totalement personnelle, voire philosophique, et qu'il n'existe pas de méthode ou de technique toute faite pour la propager, pour inciter d'autres personnes à suivre cette voie. Je parle encore moins « d'obliger quelqu'un à », ce qui n'a pas de sens ; c'est comme si l'on voulait obliger un individu à désirer quelque chose. Non, la frugalité ne se prête à aucun ordre, ne s'imite pas et il n'existe pas, pour l'heure, de méthode de propagation.

Il existe cependant la piste de l'éducation explorée par le philosophe Jean-Jacques Rousseau quand il écrivait dans *Du contrat social* : « *La simplicité dans les mœurs et dans la parure est moins le fruit de la loi que celui de l'éducation.* » Aujourd'hui, la frugalité, rejoignant la recherche de simplicité, s'inscrit parfaitement dans la vision de Jean-Jacques Rousseau quatre siècles plus tôt. L'éducation est une voie sérieuse à creuser pour éveiller à la frugalité et la développer. De plus, les recherches en sciences sociales sur l'imaginaire pourraient aider à son rayonnement.

De la difficulté de se réfréner

Affiner nos besoins pour établir les besoins essentiels n'est pas naturel. Comme Aristote l'affirmait déjà 400 ans avant notre ère : « *Il n'y a qu'un seul principe moteur, c'est la faculté désirante de l'âme* » et réfréner nos envies peut être vu comme un renoncement à intensifier la vie ! Descartes, quant à lui, explique la difficulté de l'homme à se modérer par le fait qu'il a reçu de la nature la « *faculté de se perfectionner* », qualité qui s'oppose à la modération.

Même si la recherche de tempérance n'est pas naturelle, la frugalité aide à définir ce dont nous avons vraiment besoin, qui va représenter le but à atteindre, dénué de toute surcharge.

C'est très facile à énoncer évidemment, encore faut-il trouver des leviers puissants de motivation pour supplanter des comportements qui semblent inséparables de la nature humaine.

La frugalité ouvre d'autres voies

Comme nous l'avons vu, la frugalité renvoie à une recherche de simplicité et de modération et relève d'une démarche qualitative : avoir plus de temps, moins de contraintes, moins de charges mentales, plus de plaisir, de satisfaction, de choix, de bonheur, de liberté, de maîtrise…

On doit rester dans cette sphère de la fin (finalité) et surtout ne pas raisonner en fonction des moyens de mise en œuvre. Rappelons-nous la mise en garde d'Ivan Illich sur le risque que « *l'opération* » (entendre les outils, les moyens) « *devienne une fin en soi, on n'insistera jamais assez sur la distinction entre les fins et les moyens, entre le procédé et la substance.* »[9].

Frugalité : un exemple de qualité, de tranquillité et de longévité

L'île d'Okinawa, située au sud de l'archipel du Japon, a institué un régime alimentaire dont un des principes est de sortir de table avec son estomac rempli à 75 % (principe du « *hara hachi bu* »). C'est un régime axé sur la qualité des ingrédients, des produits locaux, de saison et en petite quantité. C'est un régime savoureux et frugal. Il vaut à ces îliens la qualité de vivre le plus longtemps dans le monde et surtout en bonne santé. La frugalité associe ici : la qualité, le besoin juste nécessaire, l'aspect savoureux, l'économie locale, peu de frais médicaux, une joie de vivre, un corps en bonne santé et sans doute une âme reposée, l'ataraxie (cf. les qualités du régime alimentaire frugal d'Okanawa[84]).

Donner un sens *à sa* vie

L'art de s'abstraire des contingences libère l'esprit de charges superflues et permet de goûter à d'autres plaisirs et intérêts jusque-là ignorés ou peu développés, et cela concourt à l'épanouissement de l'être et à la sérénité.

Pour aller plus loin sur la nature et la finalité de la vie, il est intéressant de se rapprocher de Nietzsche[37] et de sa conception du « *surhumain* » qui se libère de l'instinct grégaire et qui est le créateur de ses propres valeurs en affirmant sa liberté créatrice pure. Il y a peut-être un lien à faire avec celui/celle qui, en quête de frugalité, se libère des contingences matérielles et techniques pour libérer son esprit et chercher le moi intérieur.

La frugalité : une approche par la simplicité

Le philosophe Franck Burbage[39] constatait déjà en 2010 que l'attraction pour la frugalité était faible. « *Elle apparaît comme une disposition raisonnable, mais cela ne suffit pas à la rendre enthousiasmante, et les écologistes les plus convaincus peinent souvent à faire partager des charmes qu'ils disent pourtant festifs.* » Pour échapper à cette connotation négative de la frugalité (restriction, valeur ancienne, ascèse, austérité, etc.), je pense que la façon la plus simple de l'appréhender est de la rapprocher de la simplicité.

La simplicité, quant à elle, a bonne presse. Elle est très bien admise à tous points de vue :

- Elle reflète la spontanéité, est accessible, compréhensible de tous.
- Les concepts, informations, points de vue qui sont simples sont faciles à partager avec le plus grand nombre.
- Un langage simple permet à tout le monde de comprendre. Elle évite les erreurs, les incompréhensions ou les confusions.
- Elle est économique (gain de temps, énergie…).

N'étant pas complexe (par définition), elle rassure, car elle ne sous-tend aucune manipulation : elle « n'embrouille pas ». Nous nous lassons moins de choses simples, car nous sommes moins tentés d'en changer. Nous gérons plus facilement des données, des systèmes ou des environnements simples. On maintient, entretient plus aisément des artefacts simples qui nécessitent moins d'expertise. On n'obstrue pas le cerveau avec des choses inutiles. Etc.

D'ailleurs, on essaye depuis des siècles à faire des choses simples, mais c'est... compliqué ! Par opposition, la complexité nous enferme dans des méandres de la pensée au risque de nous faire perdre notre maîtrise et nos forces et occulter ce que nous désirons vraiment.

La simplicité, une arme pour réduire les déficits

De surcroît, la complexité nous coûte cher en tout, et notamment sur le plan économique. D'après l'OCDE (Organisation de coopération et de développement économiques), elle fait perdre à la France 60 milliards d'euros par an[40].

Comme exemple récent et concret, on peut citer le ministre français de l'Économie et des Finances, qui a décidé le 6 mars 2024 de « simplifier » les procédures administratives (CERFA) espérant recouvrer une partie de ces millions qui se dissipent.[41]

La réussite d'un projet : un besoin simple et des moyens ajustés

Au XIXe siècle, pour le philosophe Henri Bergson[42], « *pour conceptualiser clairement, il faut se donner un projet et une méthode c'est-à-dire des moyens pertinents pour atteindre cette fin.* » La simplicité du projet en garantit sa réalisation. On retrouve ici le thème originel de « la fin et des moyens » où la fin (le projet) caractérisée par un besoin simple (ou essentiel), que la frugalité a permis d'affiner, garantit la bonne réussite de l'objectif initial.

La simplicité, un thème de campagne en politique

La simplicité est tellement prégnante chez le philosophe Gaspard Kœnig qu'il a lancé un mouvement politique dénommé « Simple » et en a fait son thème de campagne pour candidater à la présidence de la France en 2022[43].

La frugalité se fonde sur des valeurs simples pour définir les choix de vie harmonieux et maîtrisables qui conduisent au bonheur. Les stoïciens, et surtout les épicuriens, reprennent le concept d'ataraxie (déjà évoqué chapitre II).

Pour qualifier en quelques mots la frugalité, je n'ai pas trouvé plus simple et plus synthétique que la devise du poète grec Solon, VIIe siècle avant notre ère[44] : « *Rien de trop* », que l'on peut compléter de quatre autres mots d'inspiration aristotélicienne : « de tout un peu ».

Pour conclure sur la simplicité, je ne résiste pas à citer Antoine de St Exupéry : « *La perfection est atteinte, non pas quand on ne plus en ajouter, mais quand on ne peut plus en retirer.* » Ainsi que le poète Paul Valéry : « *La perfection ne s'atteint que par le dédain de tous les moyens qui permettent de renchérir.* » En ce sens la frugalité s'inscrit dans cette approche de la perfection.

L'attrait du minimalisme

L'esprit du minimalisme est un style de vie qui se concentre sur les besoins essentiels et sur des schémas de pensée simples en se libérant de toutes formes de possession qui détourneraient l'attention des choses les plus importantes. Il pénètre tous les compartiments de la vie.

Dans le domaine artistique, le minimalisme infiltre toutes les formes d'art ou d'esthétisme, la peinture, l'architecture, la musique, le design, la mode… Sans trop rentrer dans l'histoire de l'art, faisons rapidement la genèse de l'art minimaliste en partant du suprématisme russe avant la Première Guerre mondiale (Malevitch, Mondrian), en passant par le Bauhaus entre deux guerres (Walter Gropius, Paul Klee, Kandinsky), qui conduit à l'art minimaliste au début des années soixante aux États-Unis (Franck Stella, Sol Lewitt…). Pour aller plus loin, une autre approche du minimalisme dans la mode : de l'épure à la singularité[38].

L'art éveille les sens, engendre des émotions, affûte la perception et l'esprit. Son intérêt pour une forme minimaliste de sa représentation souligne l'importance de l'économie de moyens dans le fonctionnement de la société. D'une façon générale, la recherche de l'épure dans tous les aspects, conceptuels comme formels, se recentre sur l'essentiel et libère l'esprit de contingences parasitaires (détail, gadget, fioriture, lourdeur…) qui en affadiraient le message, et limiteraient la portée en le détournant de la fin (finalité) attendue.

Je donnerais ici une définition personnelle du minimalisme. Le minimalisme se base sur un principe philosophique ancré sur la simplicité et l'essentiel, propre à libérer la créativité, ouvrant implicitement vers une économie de moyens et favorisant la tranquillité de l'âme (ataraxie). Je réalise en l'énonçant que c'est à peu près la définition que je donnerais de la frugalité.

La frugalité sous l'angle (d'une forme) d'abondance

Notion d'abondance frugale

Si l'on stoppe une récolte quand elle couvre suffisamment les besoins d'un individu ou d'un groupe et si on en fait une juste utilisation sans en produire davantage pour en faire commerce, on se retrouve avec une « relative abondance » du fait de la frugalité. Certains ont popularisé cette formule et l'ont baptisée « *abondance frugale* » ; ainsi l'économiste Serge Latouche[45] avec son livre, *Vers une société d'abondance frugale*, ou encore le Jean-Baptiste de Foucauld, qui a publié un autre ouvrage très politique et qui oppose l'abondance libérale à l'abondance frugale, résultant d'une démarche qui n'épuise pas les ressources et qui répond à une utilisation nécessaire et non gaspillée.[15]

L'abondance : une notion qui évolue

La frugalité valorisée comme une vertu dans le monde antique s'est transmuée à l'époque moderne en un frein à l'épanouissement de l'être et au dépassement des limites auquel les individus aspiraient.

À partir de l'époque contemporaine, l'abondance s'est inscrite dans un futur désirable comme le vecteur garantissant la prospérité matérielle, jugée encore maintenant prééminente dans la société occidentale. Cette démesure, autrefois considérée comme un vice, est devenue une vertu. Nietzsche écrivait au XIXe siècle : « *la mesure nous est étrangère, convenons-en ; notre joie secrète est précisément celle de l'infini, de l'immense.* » (*Par delà le bien et le mal*, p.224)

Comme un effet de balancier, il va falloir mettre au point une nouvelle théorie des valeurs fixant des limites et concourant à une nouvelle forme de bonheur et d'absolu.

Voir l'analyse détaillée de Martin LEGROS, chercheur, philosophe, journaliste et rédacteur en chef du magazine *Philosophie Magazine*[46].

Deux exemples antiques de la gestion d'abondance

Les chasseurs-cueilleurs du Botswana

Les sociétés qui désirent peu, nous rappelle l'écoanthropologue Marie Roué[47], choisissent de stopper leur production dès que la quantité atteinte est suffisante pour le groupe. L'individualisme égoïste est banni.

Il y a basiquement deux façons d'assouvir sa faim :

- Soit de produire beaucoup, comme les sociétés occidentales.

- Soit de désirer peu. C'est le cas, par exemple, de certaines peuplades d'Afrique Australe au Botswana.

Toujours selon Marie Roué, on a pu ainsi démontrer que certaines sociétés de chasseurs-cueilleurs au Botswana (Afrique australe) consacrent un temps minimal à leur satisfaction de besoins matériels, réservant le reste de leur temps libre aux loisirs et activités sociales.[47] Ils ne s'encombrent pas de nourriture superflue en stoppant la production. Ils ne thésaurisent pas, ne spéculent pas, et consacrent le maximum de leur temps à s'épanouir. D'une certaine façon, ils gèrent « l'abondance » en extrayant de la terre que ce qui est strictement nécessaire à leurs besoins essentiels. Ce qui garantit la longévité de la production.

La Prud'homie des pêcheurs méditerranéens

J'ai eu la chance de m'entretenir avec Élisabeth Tempier, économiste, qui a depuis 40 ans œuvré dans le monde passionnant des prud'homies de pêcheurs méditerranéens[89].Les prud'homies des pêcheurs sont des institutions corporatives qui proposent un modèle original de régulation de l'effort de pêche au sein d'un territoire maritime bien défini. Elles s'illustrent depuis le Moyen Âge par une gestion raisonnée de la ressource naturelle, le poisson, et qui constitue le bien commun. On peut dire que cette congrégation gère en quelque sorte « l'abondance ». La mer est riche de poissons, mais, comme toute richesse, il faut la gérer. À l'instar des chasseurs-cueilleurs du Botswana, les pêcheurs de la confrérie de la prud'homie n'extraient que ce qui est nécessaire.

Cette communauté de patrons pêcheurs prend en compte non seulement la disponibilité de la ressource suivant les espèces de poissons, mais aussi les besoins des pêcheurs, la répartition entre eux, suivant leur âge, leur niveau d'équipement, leur expérience, leur capacité, leur état de santé, leurs charges familiales et leurs besoins en général. Même sans formation spécifique, les pêcheurs comprennent très vite les règles qui régissent le fonctionnement de leur collectif et surtout l'intérêt de les observer. Le règlement repose sur des pratiques pleines de bon sens, lisibles, simples et équitables. La prud'homie connaît parfaitement le territoire de pêche et exerce une régulation de la pêche en mer Méditerranée, sur le plan économique, mais aussi sur le plan écologique et même juridique que l'Administration leur confère.

Cette communauté est remarquable à plus d'un titre. Le premier d'entre eux est, selon moi, la frugalité, cette gestion raisonnée d'une ressource (ici vitale et faisant partie du bien commun). L'enjeu est de faire perdurer la ressource en ménageant son prélèvement, en en faisant profiter le plus grand nombre tout en préservant l'environnement et en permettant d'en vivre.

Je vois dans cet exemple un élément de réponse à la question « comment développer la frugalité ? » En s'inspirant d'un principe séculaire de transmission à l'œuvre dans les prud'homies de pêcheurs, il y a matière à appliquer ces bonnes pratiques à d'autres domaines de la vie courante. Nous traiterons ce point en conclusion de cette étude.

De la pénurie à l'abondance, le problème reste entier

Ce sont généralement les périodes de pénurie qui nous inquiètent, nous explique l'auteur et journaliste Philippe Labrecque[94]. Si une partie de la population mondiale souffre d'un manque de ressources, la société occidentale, même si elle accuse un déséquilibre endémique dans la répartition des richesses, présente un niveau d'abondance, voire de surabondance dans beaucoup de domaines. De façon contre-intuitive, cet excès de ressources et de biens qui semble a priori profitable peut générer des troubles et des dysfonctionnements.

Ces maux dus à l'abondance sont bien connus pourtant et nous affectent tous d'une façon ou d'une autre. En voici quelques exemples :

- La sur stimulation de nos appareils branchés.
- Notre lassitude devant l'offre pléthorique d'objets qui accélère leur obsolescence.
- La captation de notre attention.
- La surexposition à l'information et au divertissement en continu.
- Le phénomène d'obésité et la sédentarité excessive.
- L'atomisation de la société.
- Etc.

Autrement dit, vivre dans le luxe et la prospérité matérielle ne laisse pas l'âme des possédants au repos. Bien au contraire, cette opulence crée des servitudes.

Si l'on accrédite la thèse que les problèmes de l'Humanité sont largement le résultat de la gestion de ressources limitées, force est de constater, continue Philippe Labrecque, que l'abondance crée ce qu'on pourrait nommer un manque de « sens » qui s'exprime par les phénomènes ci-dessus.

D'un extrême à l'autre sur l'échelle de la disponibilité des ressources, l'économie a le même réflexe, celui de produire davantage comme s'il en manquait. Dans le cas du surplus, le phénomène est encore aggravé par un regain de produits et de services qui se déversent sur le monde, générant au passage : épuisement des ressources, exploitation des travailleurs, pollutions, perturbation de la biodiversité, déséquilibres sociaux et exacerbation des déchets. Cela nous questionne sur le sens que nous donnons à notre existence. Et le philosophe du XVIIe siècle, René Descartes, pourrait ajouter : « nous questionne sur notre raison ». Si je reprends les mots du philosophe Eric Delassus, *« là où il y a sens, il y a humanité – un monde de non-sens conduit à la déshumanisation. »*

Ainsi, l'état de pénurie ou d'abondance génère dans les deux cas des crises et des tourments. Si l'état de pénurie est parfois compliqué ou impossible à éviter, celui de l'abondance semble plus maîtrisable, car il dépend de notre volonté, d'une décision ou d'une politique. Tout compte fait, fortunés ou nécessiteux doivent mener un combat similaire : posséder juste assez pour éviter de graves troubles.

L'abondance de biens peut être fatale

L'abondance est un piège et il faut la maîtriser, c'est-à-dire ne pas l'exploiter totalement. Pourquoi ?

Très souvent, on l'a vu au paragraphe précédent, on se soucie de la pénurie de ressources qui nous fait craindre pour l'avenir. Ici, c'est l'abondance de biens ou de ressources qu'il faut gérer, car elle peut être contre-productive, voire catastrophique. Je prendrais juste l'expérimentation menée par le chercheur John Bumpass Calhoun[93] sur le comportement de rongeurs à qui l'on offre l'opulence, le confort, la sécurité et on en déduit les effets que l'abondance infinie pourrait signifier sur les humains. Le résultat de cette expérimentation est que la profusion en tout (ressources, confort, protection...) génère des troubles de toutes sortes : surpopulation, hiérarchisation, reproduction en berne, rébellion, affrontement, perte de sens, agressivité, isolement, mortalité juvénile jusqu'à l'effondrement social qui a conduit à la disparition physique de tous les individus ayant participé à cette funeste expérimentation. L'expérimentation a été itérée 25 fois (d'où le nom Univers 25) avec invariablement le même résultat. Elle a servi, dans les années soixante-dix, de point focal à l'étude de la sociologie humaine.

Abondance frugale : oxymore ou pas ?

Autant je partage le fait que la frugalité se doit, dans certains cas, de gérer l'abondance (cf. ci-avant les chasseurs-cueilleurs du Botswana ou la prud'homie des pêcheurs), autant je n'adhère pas vraiment à l'expression « abondance frugale » qui présente une ambiguïté qui divise. Dans un sens, elle est appropriée quand on parle de récolte (« *fruges* », terme latin signifiant « produits du sol ») qui peut être abondante. Dans un autre sens, elle peut être le poison (cf. les paragraphes ci-avant sur « la pénurie et l'abondance » et « l'issue fatale de l'abondance »).

Ivan Illich nous met d'ailleurs en garde sur le risque que l'abondance matérielle, fondée sur la création permanente du manque, ou de la frustration, entretient et organise l'inégalité. Il en appelle à un avenir désirable où l'on trouverait « *plus de bonheur avec moins d'abondance.* »[9]

Je trouve que cette antithèse « abondance frugale » est ambivalente et peut prêter à confusion si on ne l'explicite pas. Ambivalente dans la mesure où elle joue à deux niveaux. Le premier niveau agit comme un oxymore et joue parfaitement son rôle, qui est de surprendre, d'étonner, voire de provoquer. Le second niveau est lié à l'ambiguïté même de l'étymologie de la frugalité (rappel : récolte abondante), mais qui signifie également sagesse et modération. Même si d'éminentes personnalités, comme l'économiste Serge Latouche[45], le haut fonctionnaire Jean-Baptiste de Foucauld[15], l'architecte Philippe MADEC[53] ou certains membres de la C.E.C (Convention des entreprises pour le climat), mettent en avant un principe d'abondance attaché à la frugalité, je trouve qu'il donne une troublante connotation à la frugalité qui déroge à la simplicité qui la caractérise. J'ajouterais que, selon la définition du dictionnaire *Larousse*, l'abondance est un des plus communs antonymes de la frugalité. Je pense qu'il faut manier cet oxymore avec beaucoup de précautions. Pour ma part, je ne l'emploie pas et déconseille de le faire.

LES INITIATIVES EN LIEN AVEC LA FRUGALITÉ

Le retournement d'un concept vertueux

En mai 2020, les dirigeants des Pays-Bas, de Suède, du Danemark et d'Autriche, réunis sous la bannière des « quatre Frugaux » (ce sont eux-mêmes qui se sont étiquetés « états Frugaux »), ont dit « non » à l'initiative franco-allemande visant à partager 540 milliards d'euros d'endettement commun au sein de l'UE. Ces partisans de la sobriété budgétaire et de la maîtrise des déficits ont signé une contre-proposition commune pour freiner la France et l'Allemagne, les deux poids lourds de l'Union européenne (UE), tant d'un point de vue politique, économique que démographique. Une partie de la presse (*Slate.fr*, *Le Parisien*, le *Huffington Post*…) s'est déchaînée à l'époque contre ces quatre pays, les qualifiant de « radins » ou de « pingres »[48]. Ce glissement sémantique de *frugal* à *pingre/radin* est symptomatique de l'approximation de langage que l'on rencontre couramment. Ici, un concept plutôt vertueux peut devenir très rapidement ignominieux.

Quelques initiatives et actions qui ont trait à la frugalité

L'UNESCO :

En 1998, l'UNESCO a produit un dossier conséquent sur la frugalité en mobilisant nombre de philosophes, sociologues, anthropologues, économistes, journalistes, écrivains, etc., qui ont recherché, chacun dans sa spécialité, une mine d'informations pour comprendre la *frugalité*. Je fais référence dans cet essai à plusieurs contributions : l'écoanthropologue Marie-Roué[47], le philosophe James Griffin[36], le philosophe Olivier Rey[50], etc. Vous trouverez l'ensemble des articles très éclairants dans la bibliothèque de l'UNESCO[51].

Le collectif « Frugarilla » de la société OCTO :

Frugarilla[52] est un collectif qui n'a pas vraiment de modèle équivalent. Il est né au sein du cabinet de conseil et de réalisation IT OCTO Technology, dans le giron d'ACCENTURE depuis 2016. Son originalité réside dans son côté libre et décalé qui lui permet de questionner les usages et pratiques actuels, de scruter les tendances futures pour anticiper les actions à construire maintenant au regard des limites planétaires.

Il s'intéresse notamment à :

- La frugalité, la sobriété.
- Au juste équilibre de la numérisation dans un monde de plus en plus « sous contraintes ».
- À réduire la complexité de certains processus numériques en s'inspirant de la démarche Low-tech[83].
- À faire vivre les écosystèmes vertueux des communs numériques.
- Et plus globalement, à rediriger la numérisation vers des finalités souhaitables.

Sara Boucherot est un des fers de lance de cette dynamique (pour en savoir plus : cf. Collectif Frugarilla[52]).

Collectif de frugalité « heureuse » dans l'architecture :

Certains, comme l'architecte Philippe Madec avec Alain Bornarel et Dominique Gauzin-Müller, ont étudié finement la sobriété et frugalité pour savoir lequel de ces deux concepts correspondait le mieux à leur association.

Ce collectif a décidé de choisir entre « frugalité » et « sobriété » pour caractériser leur mouvement. Ayant conclu que la vertu de tempérance réunissait les deux, sobriété et frugalité, ils ont opté pour la frugalité pour caractériser leur mouvement : « *pour une architecture heureuse et créative* », car la frugalité est, selon eux, plus positive, moins contraignante et apporte plus de liberté, et de créativité que la sobriété.

J'approuve totalement les qualités prêtées à la frugalité, mais nous verrons par la suite qu'il ne s'agit pas de la choisir au détriment de la sobriété.

Enfin, ils soulignent la créativité qu'ils associent au titre de leur mouvement et ils mettent en exergue des qualités qu'ils appellent « archaïques » : on récolte ce dont on a besoin, mais pas plus, on fait simple et on travaille avec la nature comme alliée...[53]

Soigner la phase de frugalité est primordial, mais on verra par la suite que la sobriété est également essentielle à l'atteinte de la modération recherchée.

Cas où le champ sémantique de sobriété/frugalité varie

L'ADEME (Agence de l'environnement et de la maîtrise de l'énergie) interchange les termes sobriété et frugalité, ce qui génère une légère confusion. Elle s'intéresse de près aux notions de sobriété depuis plusieurs années. En 2019, elle rédige un rapport sur la sobriété et fait le constat des multifacettes que recouvre le terme, sans pour autant préciser ce que recouvre exactement la frugalité et la sobriété, mais en disant qu'ils participent d'une recherche de modération.[8]

En 2024, elle élabore quatre scénarios pour l'horizon 2050, dont l'un est nommé « *génération frugale* ». En substance, elle caractérise la frugalité « par la contrainte » : ce qui est totalement antinomique avec le principe de frugalité qui repose précisément sur une démarche décidée et résolue. De plus, à mon sens, l'ADEME fait ici les frais d'un terme abusif (appliqué de manière incorrecte ou inappropriée), en nommant « Génération frugale » au lieu de « Génération sobre ». Elle fait ainsi porter la contrainte sur la frugalité au lieu de la sobriété.

L'association Négawatt, lancée en 2001, n'utilise pas du tout le terme « frugalité », mais le terme chapeau « sobriété », ce qui brouille un peu leur message. Association précurseuse dans le mouvement de la sobriété, elle appuie sa démarche sur la sobriété énergétique et effectue un travail remarquable sur l'efficacité énergétique depuis plus de 20 ans.

L'association Négawatt n'évoque pas explicitement la frugalité, mais s'appuie sur trois piliers que sont :

- La sobriété qui consiste à réduire le besoin « à la source » (selon Négawatt).
- L'efficacité énergétique qui permet d'utiliser moins d'énergie pour satisfaire un besoin.
- Les énergies renouvelables.

C'est une approche un peu différente et j'interprète comme suit l'emploi de ce vocabulaire :

- La sobriété, pour Négawatt, correspondrait, selon moi, à la frugalité.
- Et l'efficacité énergétique à la sobriété tel que je le comprends.

On voit bien ici l'intérêt d'unifier le vocabulaire pour mieux se comprendre et coopérer.

Quelques mouvements à travers le monde en lien avec la modération

Déjà dans l'Antiquité, Socrate (Ve siècle av. J.-C.) évoquait la frugalité pour améliorer la vie des citoyens.

Économie de la frugalité :

C'est également dans le monde antique, chez les stoïciens, que cette théorie a été élaborée, quatre siècles av. J.-C. Le philosophe Étienne Helmer l'a décrite et l'a nommée « *économie de la frugalité* »[58]. Nous n'avons rien inventé de plus dans ce domaine.

Au nom de la liberté et de l'autosuffisance, le cynique Diogène de Sinope (-414 av. J.-C.) porte une diatribe envers les institutions à propos :

- Du désir d'acquisition et la recherche de profit.
- De faire de l'enrichissement, un objectif.

Ce sont les prémices de la pensée et de la philosophie qu'Épicure (-341 av. J.-C.) a développées largement par la suite.

Dans un temps plus rapproché, au moment de la Révolution industrielle, au milieu du XVIIIe siècle en Angleterre, la sociologue Sophie Dubuisson-Quellier nous rapporte que des manifestations de rupture avec la consommation se diffusent[56]. Ce type de mouvement se prolonge début du XIXe siècle aux États-Unis, où la limitation de la consommation est vue comme un moyen de lutter contre l'esclavage.

Naissance de la « simplicité volontaire - années 70

Ce courant de « simplicité volontaire » débute en 1970 au Canada et aux États-Unis[56], accusant la société de consommation et ses excès matérialistes d'avoir des effets négatifs sur notre bien-être. Ses adeptes souhaitaient vivre en petit groupe selon un rythme moins effréné pour lutter contre la surconsommation et revenir à ce qui est « essentiel ». Il est intéressant de noter que ce mouvement de « simplicité volontaire » développe la prise de conscience d'agir de façon individuelle, rejoignant en cela le ferment de la frugalité.

Depuis Socrate, c'est toujours le lien social qui motive ces mouvements, sans point d'ancrage dans l'écologie. Ce n'est qu'à partir du début des années 2000 que ces mouvements seront inspirés par l'écologie.

Mouvement de déconsommation en France après 2008

Ce mouvement prend beaucoup d'ampleur après la crise de 2008 en France et se traduit par un mouvement pour la décroissance (ou post-croissance), inspiré des théories de l'économiste roumain Georgescu-Roegen[57]. En substance, sa théorie met en avant que le progrès technique contribue à mettre de nouveaux produits sur le marché et requiert de plus en plus de ressources naturelles. Il est donc nécessaire de réduire la consommation pour ne pas les épuiser.

La ville frugale vue par un urbaniste

Dans la continuité de l'architecte Philippe Madec, je ne peux pas ne pas évoquer Jean Haëntjens, économiste et urbaniste. Tout d'abord parce que Madec et Haëntjens se connaissent bien et s'apprécient, mais aussi parce que J. Haëntjens a écrit un livre sur la ville frugale. Il est par ailleurs très critique sur l'urbanisme « écolo-normatif » et cela compte d'avoir un avis qui bouscule la bien-pensance écologique.

Concernant la ville frugale qui nous intéresse ici[54], J. Haëntjens remet parfaitement en perspective les besoins essentiels, la stratégie, et la méthode au niveau de l'économie des besoins. En outre, au niveau de l'économie des moyens, il n'impose pas de modèle urbain formaté, laissant cours à la créativité, l'innovation et la diversité dans la mise en œuvre des moyens. Il énonce également que la technique ne fait pas tout et que l'innovation ne doit pas être injonctive. Pour finir, il n'oublie pas de revenir à la finalité et au désir d'habiter, ce qui valide l'interaction constante entre la fin et les moyens[54]. On retrouve ici une mise en œuvre méthodologique totalement en phase avec la vision de cet essai.

Sopra Steria, l'exploratoire

En septembre 2021, le Do-Tank, « l'exploratoire » de Sopra-Steria, par la plume d'un de ses consultants, Jean Leviste, a fait paraître une étude sur la stratégie de frugalité dans le Numérique, en posant la question de sa viabilité. Il analyse parfaitement la démarche de frugalité dans le monde du numérique posant la question de l'opportunité même d'une solution technique. J. Leviste précise également qu'une stratégie frugale est une démarche de recentrement et pas de renoncement. Même si la fin de son article n'est pas des plus optimistes, il fait cependant parfaitement le distinguo entre l'économie des besoins (la frugalité) et l'économie des moyens (la sobriété). Ce qui est déjà une grande avancée (pour en savoir plus : cf. *Sopra-Steria – l'exploratoire*[55], Jean Leviste).

DÉRIVÉS OU ALTERNATIVES À LA FRUGALITÉ

Sans les approfondir ici, ces mouvements méritent d'être présentés, car ils participent activement de la recherche de modération.

Satiété

La satiété vise à l'absence totale des troubles du corps, ce que l'on appelle « l'aponie ». Elle se combine avec l'absence des troubles de l'âme, « l'ataraxie ». Pour certains, la combinaison des deux se rapproche de l'épicurisme. Cependant, selon moi, il y a quelques nuances de taille. Je m'explique. La satiété est l'état d'une personne dont les désirs, les envies et les aspirations sont assouvis. Mais la satiété ne dit rien du niveau de ces besoins qui sont comblés. Il ne suffit pas qu'il y ait juste une absence de troubles pour l'individu. Il faut que le niveau de ses besoins devant être satisfaits soit essentiel.

D'ailleurs, Socrate était assez critique vis-à-vis de la satiété[59] et opposé aux principes de plaisir inhérent à l'épicurisme. Il affirmait que la satiété, « *loin de favoriser le plaisir, suscite au contraire le dégoût, et que le plus grand appétit prend plaisir à se satisfaire de la nourriture la plus médiocre.* » Cela met en évidence, de façon indirecte, le caractère qualitatif de la frugalité qui va dans le sens de la modération.

Frugalisme

C'est une forme de frugalité très engagée qui vise surtout à acquérir une indépendance financière très rapidement, en travaillant moins, en épargnant davantage et en réduisant drastiquement sa consommation. Cette démarche exige une gestion financière stricte et doit permettre au frugaliste de jouir sans attendre de sa liberté, de son autonomie et de son temps.

Ainsi soulagée des contingences matérielles, la personne peut mettre à profit le temps libéré pour se consacrer à des activités autonomes, conviviales et créatives. Le philosophe André Gorz, parmi d'autres, est assez proche de ce mouvement[60].

Mon avis est que le frugalisme cherche à optimiser coûte que coûte l'argent, les ressources, l'énergie, l'empreinte écologique, etc. Cette polarisation vers toujours plus d'efficience, et quelque part de performance, même si le dessein est louable, me semble dénaturée. Elle obère une recherche de simplicité pure et instinctive. On retrouve, selon moi, dans le frugalisme, certains aspects de l'école des cyniques (école philosophique grecque Ve-IVe siècle av. J.-C.) sur le plan de la radicalité matérialiste et anticonformiste.

La différence profonde avec l'épicurisme est que le frugalisme se concentre principalement sur l'optimisation de l'argent quand le premier se concentre avant tout sur les besoins essentiels.

Innovation frugale

L'innovation est aujourd'hui encore principalement orientée vers les technologies dans le but d'augmenter une gamme de produits et services pouvant générer des gains de productivité et créer de la valeur essentiellement économique. L'innovation technologique n'a évidemment aucun caractère frugal.

À la différence des innovations technologiques, les innovations sociales ne sont pas le résultat d'un processus de création qui vise la croissance. Elles s'inscrivent dans une démarche d'utilité sociale. Elles existent bien, mais peinent à convaincre au milieu des innovations technologiques.

Il est nécessaire de « déconstruire » l'innovation pour l'orienter vers le domaine social et vers des technologies peu sophistiquées et adéquates quand cela est possible.

Mais peut-on parler d'innovation frugale pour autant ? Non, car la frugalité est inhérente de la fin (finalité) et l'innovation n'est pas une fin en soi, mais un moyen d'action : on parlera donc d'innovation sobre.

Par ailleurs, si j'analyse l'expression « innovation frugale », elle signifie : « mettre en œuvre » des idées frugales issues de séances de créativité. Or, la « mise en œuvre » relève des moyens, et « frugale » de la fin. Il y a ici une discordance ; on ne peut pas parler d'innovation frugale, mais d'innovation sobre. Pour s'en convaincre, on peut se référer au schéma de la fin du chapitre I.

À mon sens, les mots « créativité » comme « innovation » s'expriment essentiellement dans l'économie des moyens. Étant donné qu'elle invoque créativité, ingéniosité et savoir-faire, l'innovation a clairement sa place dans l'économie des moyens. Et si elle tend (en plus) à réduire les ressources, on pourra la qualifier « d'innovation sobre ».

Je décomposerais ainsi l'innovation « sobre » :

- Premier pilier : répondre à des besoins essentiels exprimés en amont.
- Deuxième pilier : si on veut réduire les coûts, l'énergie et les ressources, il faut réduire la complexité, ce qui entraîne a fortiori une meilleure accessibilité, une plus grande inclusion, un meilleur maintien et une longévité.
- Troisième pilier : faire mieux avec moins.

Pour finir sur l'innovation frugale, thème encore appelé JUGAAD, popularisé par Navi Radjou[61], je pense que son objectif est double. Navi Radjou englobe la notion de frugalité dans sa recherche d'amélioration de ses objectifs et y adjoint la sobriété dans la mise en œuvre de moyens et de ressources pour l'exécution du besoin originel. Il la baptiste innovation frugale. C'est une expression qui a fait florès, mais que je dénie ici.

LA FRUGALITÉ CONFRONTÉE AU MONDE RÉEL

Comment déterminer ce qui est frugal et ce qui est sobre ?

- Il faut d'abord déterminer si le sujet relève de la fin (finalité) ou des moyens. Je vous invite pour cela à reprendre le schéma de la fin du chapitre I.
- On trouvera par exemple :
  - Dans la fin (tout ce qui tend vers un but) : mode de vie, type de consommation, marketing, gestion d'un budget, partir en vacances, se déplacer, etc.

- Dans les moyens : innovation, écoconception, low-tech, I.A., simplification de processus, solutions (tout ce qui répond à un problème posé)…

- Qu'est-ce qui est frugal ? Qu'est-ce qui est sobre ?

Pour faire simple, on attachera l'attribut *frugal* à la « fin » et l'attribut *sobre* aux « moyens ».

Prenons quelques exemples dans les deux catégories :

- Le mode de vie, le marketing, se déplacer, s'alimenter, posséder, etc., peuvent générer un besoin frugal.
- Prendre les transports en commun, écoconcevoir un produit sont des moyens sobres.
- L'I.A. est un moyen dont la sobriété n'est pas flagrante.
- L'innovation est un moyen qui peut être sobre (cf. chapitre précédent).

Un besoin essentiel est-il nécessairement frugal ?

Un besoin essentiel est nécessairement frugal dans la mesure où un besoin essentiel est simple, limité, et qu'il requiert peu de ressources ; on peut dire qu'il est frugal.

Mais si une seule de ces qualités n'est pas vérifiée, il n'est pas frugal. Je vous renvoie à l'exemple du cas ci-dessous.

Peut-on répondre systématiquement à un besoin frugal par un moyen sobre ?

La réponse est « non », ce n'est pas systématique.

Ainsi, prenons l'exemple d'un cardiologue basé en Australie devant opérer d'urgence un patient situé à plusieurs milliers de kilomètres ; il s'agit bien d'un besoin essentiel (pour ne pas dire déterminant, car vital). Les moyens à mettre en œuvre ici sont basés sur des moyens de haute technologie : réseaux très rapides et fiables, robotique de pointe, logistique précise, etc. Il s'agit de moyens très sophistiqués qu'on ne peut pas qualifier de sobres.

Même si les besoins essentiels résultent d'une démarche de frugalité, il est des cas où un besoin essentiel n'est pas frugal.

Interaction entre la fin et les moyens

Généralement, le déroulement d'une action consiste à définir les buts/objectifs/besoins, puis mettre en place les moyens pour y répondre. De plus, un moyen sobre répond généralement à un besoin essentiel.

Mais, dans certains cas cependant, un moyen sobre comme « je prends les transports en commun » peut être proposé pour répondre à un besoin non essentiel « je souhaite me déplacer ». On se trouve ici dans le cas de l'interaction entre le moyen et le besoin (cf. schéma de synthèse - fin de chapitre I). Le moyen interagit avec le besoin permettant de repréciser le besoin initial, qui devient « je souhaite me déplacer sans impact ». La nature des moyens peut permettre de préciser avec plus de finesse le but initial qui peut devenir essentiel alors qu'il n'a pas été émis comme tel initialement.

La frugalité face à la croissance

C'est un sujet délicat qu'on ne peut éluder, mais qui ne doit pas nous contraindre à l'immobilisme du fait d'un système politique et économique en place.

Pour le dire crûment, la frugalité entraîne mécaniquement une baisse de consommation, donc une baisse de la production et par conséquent une baisse de la croissance. Et cette dernière est antinomique ou incompatible avec une économie de marché.

Il n'est pas trivial de résoudre les contradictions d'une recherche de frugalité au sein d'une société capitaliste pour laquelle l'investissement, la croissance économique, les rendements et les profits sont une exigence sociale. Pour faire bouger les choses, il faut une prise de conscience massive des individus et la méthode reste à inventer. En tout état de cause, ce sont de nouveaux modèles économiques qui sont à trouver. Car les entreprises, les ménages, les industriels, les investisseurs ne s'intéresseront sérieusement à ce concept que lorsqu'ils seront assurés d'y trouver leur compte. C'est un des chantiers à lancer dont nous reparlerons en conclusion de notre réflexion.

Et si la frugalité n'était qu'une utopie ?

Évidemment, si on s'en réfère à Jean-Jacques Rousseau (cf. son ouvrage *Du contrat social*), qui déclare qu'il faut commencer par gommer les inégalités afin que les sentiments d'envie et de convoitise cessent, et permettre ainsi à la frugalité de s'installer, on se dit qu'on est assez loin du compte.

Maintenant, des modes de vie basés sur la frugalité sont patents dans le monde, ce qui m'incite à nier le fait d'une chimère. J'en veux pour preuve la vie des chasseurs-cueilleurs du Botswana qui ne récoltent que ce dont ils ont besoin (cf. ci-avant le paragraphe « Abondance frugale, oxymore ou pas ? », le régime alimentaire de l'île d'Okinawa au Japon au paragraphe « Frugalité, un exemple de qualité, tranquillité, longévité » ou encore la gestion frugale séculaire au Xe siècle de la prud'homie des pêcheurs qui extrait juste le poisson nécessaire, décrite plus haut).

On peut également citer d'autres exemples comme :

- Le peuple des Inuits au Groenland, qui partagent avec tous leur surplus de chasse au phoque, plutôt que de stocker ou spéculer.
- Les Peuls du Sahel pour lesquels la frugalité régit la vie quotidienne : habitat sommaire, structures végétales démontables, pas d'encombrement, alimentation de base, consommation mesurée, utilisation parcimonieuse de

l'eau, autosuffisance… C'est un modèle qui fonctionne, car il est rattaché à une éthique traditionnelle de la solidarité.

- Les Japonais ont cultivé depuis des siècles une esthétique de la sobriété ; démontrant ainsi qu'entre le gaspillage actuel et un repli rétrograde sur le passé, une voie médiane est à inventer.

Je n'oublie pas les nombreux peuples du monde, tels que les Mbuti de l'ex-Zaïre, les Cris du Canada, les Batek de Malaisie ou les Nayak du sud de l'Inde qui sont très respectueux des ressources de la terre et qui ont développé une éthique du partage, de la modération, et de la solidarité. Il faut dire que ces peuples ne partagent pas la dichotomie occidentale entre nature et culture et c'est sans doute là une différence déterminante (lire particulièrement dans le dossier de l'UNESCO[51] les pages 20 à 29 qui décrivent en détail ces modes de vie cités ici).

Ce que l'on peut constater, c'est ce trait commun entre tous ces peuples qui conçoivent souvent leurs rapports avec les entités naturelles : animaux, végétaux, lieux dont ils reçoivent des dons. Aussi tiennent-ils le partage, don de la nature à l'humain, ou de l'humain à son semblable pour un élément essentiel de leur existence, structurant une représentation du monde que l'on peut qualifier, d'« économie cosmique du partage ». La proximité avec la nature leur permet manifestement de rester attachés aux besoins essentiels. Tandis que pour nous, Occidentaux, le lien à la nature s'étant distendu, nous avons perdu de vue la prééminence des valeurs simples et naturelles.

On comprend à travers toutes ces expériences que la frugalité entraîne tout un ensemble de valeurs comme le partage, la solidarité, le don et le contre-don, la réputation, la position sociale, l'absence de déchets, une éthique de la solidarité, de la cohésion, une absence d'enrichissement personnel (qui nuirait au reste du groupe), etc.

Ces quelques exemples de modèles de vie, souvent ancestraux, sont toujours ancrés dans le réel et prouvent que la frugalité n'a rien d'imaginaire. Forts de ce constat, nous nous devons d'explorer la piste de la frugalité pour espérer briser une frénésie qui risque de nous précipiter tôt ou tard dans un abîme.

III
LA SOBRIÉTÉ, LES MOYENS SOBRES DE LA RÉALISATION

Les objectifs (la fin) caractérisés par l'émergence des besoins essentiels issus de la frugalité étant posés, nous nous intéressons ici aux moyens sobres de les réaliser. C'est une phase de production (les moyens), où l'on va déterminer les « outils » (ressources, énergie, procédés, méthodes, instruments…) les plus simples, économes, accessibles et viables pour répondre aux besoins préalablement définis.

LES CONTOURS DE LA SOBRIÉTÉ

Origine de la sobriété

Selon le philosophe et helléniste Michel Casevitz, l'adjectif *sobre* provient du latin *sōbrius*, attesté depuis le XIIe siècle, qui concerne le liquide (la frugalité, le solide) signifie « *qui n'a pas bu, qui est à jeun* » ou « *qui ne boit pas de vin* » et, par extension, « *qui est de sang-froid* ». L'adverbe *sobriē* « sobrement » et par extension « de sang-froid, prudemment » est attesté dans le latin classique. La sobriété, c'est manger et boire sans excès, vivre sans luxe ; c'est un idéal commun à de nombreux philosophes de l'Antiquité. On peut dire que la sobriété s'apparente à la tempérance et la maîtrise de soi, ce qui est plutôt positif. Pourtant, le terme semble avoir pris de nos jours une connotation plus négative. La sobriété évoque l'ascèse, l'austérité, la privation. De plus, la sobriété répond généralement à une injonction, un ordre à faire ou s'impose de facto à des personnes qui n'en ont pas le choix. « *Pas étonnant que Pierre Rabhi ait eu besoin de lui accoler l'attribut "heureuse" (sobriété heureuse), pour la remettre au goût du jour* », observe le cabinet de conseil en RSE (Responsabilité sociale et environnementale) Bee-Yoo[62]. Quand Pierre Rabhi parle de « sobriété heureuse », il évoque selon moi tout simplement la frugalité.

Sobriété : des contre-pouvoirs au pouvoir gouvernemental

Il est intéressant de remarquer que certains vocables comme « s*obriété* » ont glissé rapidement d'une sphère à une autre. Le terme *sobriété* « appartenait » au monde des contre-pouvoirs, notamment à des associations comme Négawatt, réseau CLER, mouvement COLIBRIS ou des collectifs de type « Gilets jaunes[91] ». Jusqu'à très récemment et maintenant, il s'inscrit dans le registre du pouvoir et de ceux qui exercent des responsabilités exécutives (cf. discours d'Emmanuel Macron en février 2022 à Belfort)[49].

Comme l'analyse la haute fonctionnaire Lucile Schmid[71], le terme *sobriété* renvoie encore à des acceptions très diverses. Pour atteindre l'objectif ambitieux que les politiques ont fixé, à savoir atteindre la neutralité carbone à l'horizon 2050, il devient indispensable que la sobriété rencontre des référentiels et des objectifs clairs. Mais aujourd'hui les institutions et les politiques publiques qui permettraient d'offrir un cadre adéquat à l'évolution nécessaire des modes de vie restent à inventer.

Quels en sont les moyens ?

Nous avons vu que la sobriété appartenait à l'économie des moyens, qui est le champ des opérations, de la réalisation, de la production. C'est le levier incontournable pour répondre au besoin essentiel, car, avec la sobriété, on fait en sorte de diminuer, d'éviter, de réduire les moyens (matières, ressources, énergies, procédés, transport, diffusion, etc.), pour réaliser le besoin défini en amont. Les leviers d'action sont nombreux : écoconception, accessibilité, simplicité, légèreté des procédés, innovation (dans une certaine mesure), mutualisation, réutilisation, technologies douces, circuit court, coopération, économie de la fonctionnalité, optimisation des usages, régénération…

Les axes majeurs de la sobriété

Premier axe : répondre à des besoins essentiels (définis dans « la fin »). Pour que la sobriété s'applique expressément, il est déterminant que le besoin soit essentiel. Sinon, les effets risquent d'être nuls ou limités.

Deuxième axe : diminuer la complexité, les coûts, les ressources, les consommations, les productions, les pollutions, les déchets ; libérer du temps, faciliter l'accès…

Troisième axe : mobiliser les ressources et les moyens avec parcimonie, c'est-à-dire utiliser ce qui est adéquat et juste nécessaire permettant d'assouvir le besoin essentiel exprimé.

Je qualifierais la sobriété comme l'« art de se limiter ». Pour rappel, j'associe la frugalité comme l'« art de se contenter ».

CAP SUR L'ÉCOLOGIE

Dès les années 1970, le rapport Meadows préconisait d'une certaine façon vivement la sobriété[63]. Puis dans la lignée des rapports du GIEC (Groupe d'experts international pour le climat), dans les années 2000, les organismes suivants ont travaillé sur un plan de neutralité carbone à horizon 2050 :

- L'ADEME (Agence de l'environnement et de la maîtrise de l'énergie),
- Le Think-Tank IDDRI (Institut du développement durable et des relations internationales),
- Et surtout l'association NégaWatt[64], une des premières à s'emparer de la sobriété énergétique.

Préoccupés que nous sommes depuis 50 ans par les problèmes écologiques, nous avons un peu perdu de vue que la sobriété était un acte de modération s'appliquant à tous les domaines et pas seulement à l'écologie. Et récemment en France, les plans de sobriété sur l'énergie et l'eau confirment cette tendance. La notion de sobriété est donc orientée presque exclusivement vers la maîtrise de l'énergie, de l'eau, de l'environnement au sens large. Pourtant, le dictionnaire *Le Robert* donne comme définition de la sobriété : « *modération, réserve, dans un domaine quelconque* ». Ainsi, on peut appliquer la sobriété au comportement, aux usages, à la propriété, à la détention de biens d'équipements, à la consommation, aux moyens techniques, aux écrans, aux réseaux sociaux, aux Data (données, informations)…

Il est essentiel de souligner que la sobriété ne s'applique pas et ne doit pas s'appliquer qu'à l'écologie.

La sobriété et la technologie font-elles bon ménage ?

La science, la technologie, l'innovation, la technique, l'efficacité, l'efficience, la rentabilité, et autres appartiennent évidemment à l'économie des moyens. Il faut s'interroger à chaque fois sur le point de savoir si ces moyens peuvent participer d'une recherche de modération. Par exemple, les solutions basées sur de la haute technologie nous éloignent de la sobriété recherchée. Je renvoie pour la démonstration au livre de Nicholas Georgescu-Roegen sur l'entropie[57] : *The Entropy Law and the Economic*. Selon cet économiste, le progrès technique entraîne une augmentation de l'utilisation des ressources naturelles. Il est donc nécessaire de réduire la consommation. Pour ma part, je privilégierais le recours, quand c'est possible, aux technologies simples et peu sophistiquées, comme les low-tech[83] par exemple.

La science au service des changements sociaux

Comme vu précédemment, je range la science, la raison, la technique, etc., dans l'économie des moyens. Les changements sociaux et sociétaux, quant à eux, éclairés par les sciences humaines et sociales naissent au niveau de l'économie des besoins. Rappelons-nous la position de Platon : les moyens sont au service des besoins (cf. Chapitre I).

Dans son livre *Vers une vie simple*, Edward Carpenter, poète et philosophe du XIXe siècle ou écrivain-maraîcher comme il se définit lui-même, confirme cette dichotomie : « *La science et la raison ne sont jamais les sources du progrès et du changement social, ce sont les avènements et les progrès sociaux qui en sont à l'origine ; l'intellect occupe une place secondaire en tant qu'outil et instrument de la faculté morale.* »[65] Il confirme en cela que ce se sont les progrès sociaux (décidés au niveau de la fin) qui dictent le changement.

La réduction des moyens nuit-elle à la qualité ?

Le but n'est pas de faire abstraction de la technologie, mais il est de nombreux cas où il est possible de recourir à des technologies plus simples, plus sobres et peu coûteuses sans écorner la qualité du produit ou du service livré, sans dégrader son usage ni compromettre la sécurité. Utiliser des moyens moins sophistiqués, mobiliser des ressources avec parcimonie ou des procédés plus adéquats dans le champ de la réalisation n'en font pas pour autant une « économie de moyens » de « pacotille ». Cela n'implique pas du tout que les produits ou les services soient de qualité inférieure. Mettre au point un service ou un produit ne requiert pas systématiquement un degré de complexité ou de richesse fonctionnelle élevé, car d'une part, ce n'est pas nécessairement prescrit et, d'autre part, cela génère inévitablement des contraintes et des coûts.

L'excès ou le surplus peut au contraire nuire au résultat attendu, du fait précisément de la complexité, du manque de maîtrise et des coûts associés à la mise au point et au maintien en conditions opérationnelles. *« Partout où quelque chose* ne *va pas, quelque chose est trop gros »*, affirme le penseur autrichien Léopold Kohr (1909-1994). On peut aussi s'en remettre à l'économiste britannique Ernst Friedrich Schumacher pour qui l'origine des problèmes humains réside d'abord dans une taille démesurée, prônant ainsi une société à la mesure de l'homme (essai *Small is Beautiful*, 1973).

PLAN DE SOBRIÉTÉ : DISPOSITIF ÉCOLOGIQUE OU ARME ÉCONOMIQUE ET POLITIQUE

Plan de sobriété volontaire : vraiment ?

Le 14 juillet 2022, le président Emmanuel Macron appelait à une mobilisation collective pour une sobriété énergétique volontaire.

Ce plan de sobriété énergétique est échelonné en plusieurs phases :

- Dans sa première phase, le plan de sobriété est dit « volontaire » (bien qu'imposé !). On laisse les Français trouver eux-mêmes les actes de modération : c'est l'aspect dit « volontaire » de la prescription.

- Si les 10 % d'économie ne sont pas atteints dans un laps donné, on passe au deuxième étage de la fusée (dixit E. Macron), plus contraignant qui est le rationnement, appelé « sobriété sous contrainte ».
- Et si ce n'est toujours pas suffisant, un troisième stade est prévu, franchement coercitif, avec le rationnement et la mise en demeure de faire.

Plan de sobriété énergétique détaillé

Résumons-nous. Un plan de sobriété est imposé par les politiques, mais il est présenté comme volontaire : on laisse dans une première phase le choix des moyens à mettre en œuvre aux citoyens et aux entreprises. Si les résultats de ce plan ne sont pas probants, les phases suivantes deviendront contraignantes puis coercitives. On peut noter que le plan traite bien le sujet de la sobriété, mais il ne remet absolument pas en question l'acuité des besoins. La frugalité n'est donc pas abordée.

On comprend bien l'intérêt de nous entraîner sur le terrain de la sobriété, car elle a une connotation vertueuse, difficilement opposable. Elle constitue en cela en une arme politique qui permet d'adoucir une stratégie en évitant les mots « austérité » ou « restriction ». Mais est-ce réellement la conscience écologique, mise en avant, qui motive ce plan ? N'est-ce pas plus prosaïquement une motivation purement économique ? On peut s'interroger !

Emmanuel Macron plaide pour une sobriété dynamique, c'est-à-dire sans baisse de développement. On n'attend évidemment pas de lui qu'il remette en question ce moteur de croissance qui risquerait de se gripper et de mettre à mal l'idéologie de l'économie de marché. Mais on peut se demander quand même si la réduction souhaitée de consommation d'énergie est compatible avec le même rythme de production et de consommation qu'il appelle de ses vœux. Ça demande à être fléché.

Il convient de souligner que ce plan de sobriété n'intègre pas d'autres domaines que l'énergie. Quid de la prolifération des données, la dépendance inquiétante aux écrans, le culte de la consommation de biens d'équipement, etc. ?

Plan de sobriété ou plan d'austérité ?

Le plan de sobriété annoncé, n'est-il pas un euphémisme pour présenter un plan moins déplaisant que serait un plan de rigidité ?

De fait, sept mois plus tard (avril 2023), Bruno Lemaire, alors ministre de l'Économie et des Finances, annonçait un plan d'austérité pour les cinq années à venir. La vertueuse intention écologique aura fait long feu.

On réalise bien ici que la sobriété n'est pas un concept trivial à manipuler. Elle doit être accompagnée par toute une démarche allant de la prise de conscience personnelle jusqu'à la mise en œuvre de moyens adaptés. Le philosophe Martin Legros l'explicite clairement : « *La population accepterait la sobriété que si elle était associée à une nouvelle éthique de la consommation à un idéal de justice redistribuant des cartes du contrat social*[46]. »

UN ÉLAN VERS LA SOBRIÉTÉ

L'acceptation de la sobriété

Le plan de sobriété dévoilé par le Président Macron a eu ceci de positif que le concept de « sobriété » a retrouvé ses lettres de noblesse.

Avant cette date, le mot *sobriété* était difficile à prononcer et rarement bien accueilli. En effet, il représentait un monde qui ralentit, qui a cessé de croître, qui renonce, contraire à l'idée qu'on se fait de la croissance, du bien-être, de la réussite, voire du bonheur ! Et puis on a associé ce terme à une privation de quelque chose. C'était en quelque sorte un aveu d'échec que d'en accepter le principe.

Mais maintenant que le mot d'ordre est passé de mettre en œuvre cette sobriété, elle semble à tout le monde comme une évidence pour pallier diverses crises. La sobriété permet de réduire quantitativement des ressources, de l'énergie, des émissions, etc. Elle va nous permettre d'apprécier nos efforts de modération qui répondent, rappelons-le, à des besoins, de préférence essentiels. Avec la sobriété, on vise une baisse de consommation via une limitation de moyens (procédés, usages, méthodes, outils...) dans le but de répondre au besoin exprimé (cf. économie des besoins). Il va bien sûr falloir organiser cette démarche de modération en liant le concept de sobriété avec celui de la frugalité, sinon elle est vouée à l'échec, car structurellement fragile.

L'émulation vers la sobriété

Dans le prolongement de l'intervention du Président Macron de juillet 2022 quant au plan de sobriété énergétique, il est intéressant d'observer que nombre de manifestations, de témoignages ou d'initiatives qui ont suivi, vont toutes dans le sens de la sobriété, sans absolument aucune ouverture sur la frugalité. On remarque très clairement que les avis des experts, des philosophes, des sociologues, des économistes, et autres journalistes s'engouffrent quasiment unanimement dans le thème de la sobriété, suivant en cela le ton donné par les autorités. La frugalité n'est globalement pas abordée.

Quelques exemples parmi tant d'autres que j'ai pu relever :

En août 2022, le thème « l'université de l'économie de demain » était consacré à la sobriété. J'y ai participé et ai pu constater qu'à aucun moment il n'y a eu la moindre allusion à la frugalité durant toute la durée de ce colloque.

En octobre de la même année, *Philosophie Magazine* a titré son numéro mensuel *La sobriété, pourquoi est-il si difficile de se modérer ?* : on n'y trouve que marginalement la référence à la frugalité.

Enfin, le discours d'Élisabeth Borne en octobre 2022 dédié à la mise en œuvre des moyens du plan de sobriété énergétique[66] qui a enjoint les entreprises à élaborer « séance tenante » un plan de sobriété énergétique, ne fait aucune remise en question explicite des besoins et de leur pertinence.

Après un signal plutôt favorable du lancement d'un plan de sobriété par E. Macron (cf. le paragraphe ci-avant sur *L'acceptation de la sobriété*), on ne peut finalement que déplorer que son mot d'ordre sur la « sobriété énergétique » (2022) ou que le plan de sobriété de l'eau (2023) se soient cantonnés à l'économie des moyens, écrasant par leur caractère injonctif, toute initiative ou ouverture vers l'économie de besoins. Aucune remise en question de nos modes de vie donc, de la polarisation de la société vers la consommation, et en conséquence aucune réflexion sur de nouveaux modèles ou objectifs à explorer.

À propos de la société de consommation, il est intéressant de lire l'excellent cours sur la société de consommation donné par l'université Paris-Dauphine et un de ses objectifs : « *Saisir en quoi la sobriété pourrait être une solution pour pallier les externalités négatives de notre consommation* » et notamment le chapitre *8,1 De la nécessité de remettre en cause la consommation : la sobriété*[87].

La question de l'épanouissement des individus et de leurs profondes aspirations n'est évidemment pas à l'agenda d'un système axé sur la technique et l'économie et encore moins le questionnement sur ce qui pourrait épanouir les citoyens hormis celui de consommer et de dépenser. On est manifestement très loin de l'esprit d'initiative et de liberté sous-tendu par une approche frugale. Marqués par cette polarisation vers la sobriété, les trois exemples décrits ci-avant nous indiquent nettement que nous nous situons pleinement dans l'économie de moyens et aucunement dans celle des besoins, de la finalité. Dit autrement, on s'intéresse essentiellement à la façon dont on va (mieux) réaliser nos exigences plutôt qu'à les interroger ou à les remettre en question.

LES RISQUES LIÉS À LA SOBRIÉTÉ

Risque de détourner la sobriété

Emmanuel Macron, nous l'avons vu, aspire à la sobriété « dynamique » (comprendre : qui n'empêche pas la croissance). Il y a là un risque de détournement de la fin (finalité), celle de se servir de la sobriété pour davantage d'efficacité, une meilleure productivité débouchant sur une compétitivité mondiale encore plus vigoureuse. Et dans ce cas, on assisterait à une sorte d'effet rebond qui exploiterait les bénéfices apportés par la sobriété des moyens pour doper encore davantage le rendement et la productivité, tout en stimulant encore davantage la demande. On est assez éloigné de la recherche de modération qui motivait initialement l'effort de réduction des ressources, des consommations et des émissions.

Risque d'une modération uniquement axée sur les moyens

Le GIEC dit explicitement que la modération doit exister sur le champ de la production et les politiques publiques se focalisent uniquement sur les moyens, car elles raisonnent sur le modèle productiviste. Alors que pour être réellement profitable, cette transformation devrait s'intéresser en premier lieu aux besoins. Mais cela comporterait un risque pour les dirigeants politiques de remettre en question le modèle de croissance actuelle. Ils préfèrent se convaincre, et/ou nous faire croire, que la sobriété est compatible avec le productivisme, qu'elle va apporter plus d'efficacité, de productivité, et donc davantage de compétitivité, associée à une maîtrise des coûts.

L'incantation de la « sobriété dynamique », formulée par le Président Macron en plus d'être compatible avec la croissance, sacro-sainte composante de notre système économique, peut, selon lui, la revitaliser. Tout cela a de quoi rasséréner la classe dirigeante, car cela évite de remettre en cause le système productif et cela exonère de prendre le problème à sa racine, au niveau de la fin (finalité), puisque tous les efforts sont portés au niveau des moyens. On voit comment ce raisonnement essaye de combiner artificiellement les qualités de la sobriété avec le dogme de la croissance.

Cela montre que dissocier la frugalité de la sobriété est une impasse, mais nous en parlerons plus largement dans le chapitre suivant *Les objectifs en action*. Nous sommes là objectivement devant une antithèse.

Prémices d'une aporie

On se trouve face à cet antagonisme qui est d'atténuer les effets tout en perpétuant l'expansion. Car les politiques ont pour ambition de lutter contre les effets délétères (décarbonation, réchauffement, pollution, déchets…) tout en accentuant les productions. Cela ressemble fort à une contradiction irréductible.

En d'autres temps, le « développement durable », puis la « finance verte », et aujourd'hui le « pacte vert » (Green Deal) au niveau de l'Europe, etc., ont poursuivi ce même dessein, à savoir de continuer à se développer en prétendant épargner les ressources et limiter les impacts.

Ce vœu pieux percute frontalement toutes les thèses sur l'entropie rappelées par l'économiste N. Georgescu-Roegen, ainsi que son développement sur la bioéconomie[68] (cf. son ouvrage *Pour une révolution bioéconomique*). Le constat de l'économiste à propos de l'entropie est simple : toutes les formes d'énergie sont transformées progressivement en chaleur et la chaleur est si diffuse que l'Homme ne peut plus l'utiliser. Par ailleurs, la production humaine, qui est une transformation de matière, se dégrade inéluctablement si bien qu'une grande partie des ressources se perd à jamais.

Entre les lois de la thermodynamique établies il y a deux siècles, qui énoncent que la production humaine épuise matière et énergie, et les politiques qui fantasment que le développement (donc la production et la croissance) va générer les effets contraires, cela met en évidence une grave ignorance.

Quand la sobriété devient un marqueur de catégorie sociale

La sobriété peut être exploitée à toutes fins et quelques fois comme un mode de distinction sociale. Ainsi, le sociologue Julien Damon, habile observateur, n'est pas dupe de certains comportements déviants de personnes qui surjouent la sobriété pour épouser une mode qui fait « chiquement pauvre ». « *Il est plus facile d'afficher son exemplarité quand on peut se le permettre financièrement* », explique Julien Damon. « *Ce n'est pas une nouveauté : une partie des classes aisées aime singer les plus défavorisés et les plus engagés. Pour des motifs d'idéologie et de chic, le col Mao a ainsi été un temps en vogue et la veste d'ouvrier rencontre le succès. Tout cela a un prix, surtout quand la mode nous prescrit ses marques.* (…) *Double observation : ça coûte cher de faire pauvre tout comme cela coûte cher d'être pauvre. Dans le premier cas, des nantis s'appliquent pour adapter leur mode de vie, souvent en complément du leur, avec donc des dépenses supplémentaires. Dans le second, les pauvres subissent la double peine de leur situation : des consommations limitées, à des coûts relativement plus élevés.* »[69]

SOBRIÉTÉ OPTIMALE SI BESOIN ESSENTIEL

Pour bien comprendre les enjeux, prenons l'exemple d'un propriétaire de voiture qui souhaite simplement réduire ses coûts de déplacement avec son propre véhicule sans remettre en question ses besoins. Plusieurs options s'offrent à lui : soit il achète un véhicule plus récent qui consomme moins, et qui utilise une énergie moins coûteuse ou non fossile, soit il suit une formation d'écoconduite, soit il opte pour le covoiturage pour une partie de ses trajets. Pour quel résultat finalement ? Dans tous les cas les résultats seront maigres, voire contre-productifs.

En effet, dans la première option, les impacts de fabrication d'un nouveau véhicule sont délétères : l'extraction, le raffinage, la fabrication, le transport, etc., impactent lourdement les ressources, l'énergie, les gaz à effet de serre et les déchets. D'après les études du collectif Greenit.fr sur *L'empreinte environnementale du Numérique mondial*[86], le choix de renouvellement d'un matériel est nettement plus accablant que le fait de le conserver (même si les impacts durant son utilisation ne sont pas négligeables).

Dans la deuxième option, il fera des économies ; cela va réduire légèrement son coût et les impacts écologiques, mais de façon assez peu significative.

La troisième option pourrait être satisfaisante, à condition que cela ne génère pas de déplacements additionnels.

Effet rebond :

Dans l'exemple, le coût d'utilisation du véhicule ayant (légèrement) baissé, cette relative meilleure rentabilité pourrait inciter le propriétaire du véhicule, soit à l'utilisation accrue de son véhicule, soit au réinvestissement de son économie dans de nouveaux biens ou services, ce qui annihilerait les effets bénéfiques, voire induirait un bénéfice négatif (effet rebond[70] ou paradoxe de JEVONS).

Modifions l'énoncé : supposons maintenant que le détenteur du véhicule affine son besoin.

Il envisage un mode alternatif pour tout ou partie de ses déplacements (transports en commun ; mobilité douce : vélo, marche - télétravail...). Il remet en question certains de ses déplacements : sont-ils vraiment utiles ? Et il s'interroge sur la pertinence de posséder son propre véhicule.

Partant d'un besoin plus fin, nous voyons que les moyens mis en œuvre sont (mécaniquement) beaucoup plus sobres.

Un axiome se dégage de cet exemple : « En l'absence d'un objectif reposant sur un besoin essentiel, aucun moyen mis en œuvre ne permettra d'atteindre un niveau de sobriété satisfaisant ».

La percée de la sobriété par un acteur inattendu

Un des premiers acteurs politiques à se saisir du concept de sobriété a été le Pape François en juin 2015, via la lettre encyclique *Laudato SI*[6]. C'est ainsi que le mot *sobriété* est entré quelques mois avant l'accord de Paris (COP21 - décembre 2015) dans le débat public, via un nouvel acteur politique imprévu. François Bal, fin observateur du monde chrétien, nous en analyse[82] le contenu en mettant en exergue l'aspect frugal prééminent dans la lettre encyclique du Pape François. Il titre son livre *Notre Terre, éloge de la frugalité*. François Bal insiste notamment sur deux axes forts que sont la consommation et la possession.

Les effets contre-productifs de l'injonction à être sobre

Quand on lutte contre le changement climatique, les autorités demandent toujours des efforts, des sacrifices, des renoncements, globalement des contraintes en plus, et des coûts supplémentaires. Personne n'en a envie. Les citoyens croulent déjà sous les charges et les taxes et n'en peuvent plus de devoir s'investir et débourser encore plus.

Dans le cas du plan de sobriété énergétique, c'est le cas et, cerise sur le gâteau, il est présenté comme un plan « volontaire » : de quoi rendre très circonspects les citoyens qui n'ont rien demandé. Le défi est de passer de la contrainte (l'injonction à faire) à un réel projet démocratique. Le gros enjeu est de voir comment on transforme ce qui est perçu aujourd'hui comme une pression transférée aux citoyens en un véritable projet sociétal. Et c'est là qu'on attend les gouvernements avec un véritable projet d'écologie politique plutôt que maintenir les citoyens dans une servitude ou perçue comme telle. Si la démarche est vécue comme une contrainte, les citoyens vont d'abord chercher à en faire le moins possible. Cette contrainte risque de les diviser, car ils auront toujours l'impression qu'elle est inégalement répartie.

On peut, pour compléter, écouter une interview de François Gemmene, auteur principal des rapports du GIEC, qui évoque cette question.[67]

On voit ici que l'appel à la sobriété est une action imposée qui se décide très rapidement (ordre donné) et qui peut concerner un grand nombre d'individus. L'intérêt est que l'ordre est très rapide à donner et peut toucher beaucoup de personnes en même temps. L'inconvénient est qu'il est contraignant et potentiellement non suivi.

Le philosophe Olivier Rey nous rappelle que ce qui déplaisait à Ivan Illich dans les appels à la responsabilité pour économiser les ressources ou « sauver la planète », c'était de présenter sous l'aspect d'injonctions, de devoirs, ce qui devrait d'abord être perçu comme des attitudes sages, judicieuses, sensées (ce que l'on élabore précisément dans la phase de frugalité). Nous assigner un ordre sans nous faire prendre part à sa décision présente un risque de rejet.

La tentation d'une sobriété « dynamique »

Comme nous l'avons déjà évoqué, lors de son discours de Belfort en février 2022, Emmanuel Macron a créé le concept de « *sobriété dynamique* » qui serait opposée à la décroissance. En substance, il disait que ce n'est pas par la privation, la restriction ou la décroissance que l'on arrivera à baisser de 40 % nos consommations d'énergie, mais par l'innovation, la transformation de nos processus industriels, de nos pratiques, par des choix d'investissements et par la sobriété. Arguant que pour maintenir la force de notre modèle social, il faut toujours produire davantage (CQFD !). Cette sobriété, censée accompagner la croissance, a d'ailleurs inspiré le président du MEDEF de l'époque, Geoffroy Roux de Bézieux, qui a proposé, quelque peu embarrassé, le fameux oxymore : *« croissance sobre »*. L'utilisation d'un oxymore pour justifier une situation aberrante, au-delà du caractère dérisoire de la formule, n'apporte malheureusement aucune solution pertinente.

Sobriété « dynamique » compatible avec la croissance ?

L'idée développée par Emmanuel Macron qu'il fallait avoir une politique plus dynamique en termes de sobriété et farouchement opposée à la décroissance a été très bien décrite par Lucie Schmid, fondatrice de la fabrique écologique[71]. Par « *sobriété dynamique* », il faut entendre « compatible avec la croissance ». La double injonction actuelle de sobriété (imposée par la raréfaction des ressources) et malgré tout, la nécessité de croissance (pour que la machine ne se grippe pas) est donc ordonnée par E. Macron. On revient donc à cette même duplicité que le sommet Planète Terre à Rio en 1992 a créé avec « *le développement durable* », qui promettait (et encore aujourd'hui !) de concilier le développement, donc la croissance (car selon sa définition, le développement accompagne la croissance) avec une maîtrise totale de ses effets sur l'écologie. « *Poudre de perlimpinpin* » ou « *faux remède* » pour l'économiste Nicholas Georgescu-Roegen[68], « *imposture* » pour l'économiste Serge Latouche[45], pour ne citer que ces deux avis. La « sobriété dynamique » relève de ce même fantasme (ou d'une mystification) qui est de conjurer les effets néfastes de l'anthropocène par une démarche de modération (sobriété) dopée par les techniques, l'innovation technologique et les progrès de la science.

Sobriété et productivisme

La sobriété est faite pour modérer, la dynamique pour entraîner. Pour que le souhait des politiques se réalise, il va falloir doser entre la sobriété imposée par la raréfaction des ressources et le désir de croissance. Et donc distiller l'innovation, la recherche d'efficacité et de productivité, les sauts technologiques, d'une part, et une retenue, atténuation et pondération, d'autre part. Concilier deux concepts opposés relève de la gageure. Penser la sobriété pour qu'elle aide au productivisme, c'est ici que réside la tromperie. Si l'on pense que la sobriété « dynamique » est une arme vertueuse pour doper la compétitivité mondiale, ça signifie que non seulement on ne remet rien en cause de notre modèle actuel, mais, ce qui est le plus grave, on le précipite délibérément vers sa fin.

IV
LE TANDEM FRUGALITÉ-SOBRIÉTÉ, LES OBJECTIFS EN ACTION

RAPPROCHER LES QUALITÉS DE LA SOBRIÉTÉ ET DE LA FRUGALITÉ

Pour Ivan Illich, la frugalité se conjugue en termes « d'être », la sobriété se conjugue en termes « d'avoir ».[9] On peut le résumer en disant : on décide des besoins essentiels et on agit sobrement.

J'ajouterais quelques précisions données par le dictionnaire de la langue française *Le Littré* (éd. 1863, tome 1, deuxième partie, p. 1793) :

- La *frugalité* a rapport à la *qualité* (la personne frugale se contente de mets simples).
- La *sobriété* a rapport à la *quantité* (la personne ne mange que ce qui est nécessaire à ses besoins).

En somme, on peut caractériser la frugalité comme l'art de se contenter et la sobriété comme l'art de se limiter.

« *Il semble que le mot frugalité, dans sa proximité avec la récolte et sa capacité à faire fructifier les ressources, puisse nourrir des imaginaires d'économie des ressources plus sereins que le mot sobriété, laquelle continue de véhiculer un imaginaire de la privation* », nous rapporte le philosophe Cornelius Castoriadis.[29]

La communicante Sarah Fort de l'agence OURS, quant à elle, a une vision très claire des deux concepts : « *Il semble aussi que la sobriété soit davantage associée à des questions techniques : "sobriété énergétique", "sobriété numérique", alors que la frugalité évoque davantage la créativité.* »[72]. Je mettrais un bémol à l'avis de Sarah Fort, en disant que la frugalité évoque davantage un « art de vivre ». La créativité est requise tout particulièrement dans la phase des moyens lorsque l'on recherche des mesures sobres à mettre en œuvre.

Penser la modération n'a cependant rien d'évident. Bousculer des conventions si communément admises sur l'abondance remet fortement en question nos convictions, notre rapport à la possession, au confort et au profit et bouleverse les vertus cardinales de la réussite et du bonheur. C'est un véritable changement de mentalité qui doit s'opérer. Nous lancerons quelques pistes dans la conclusion.

Ivan Illich en faisait déjà le constat en 1973 : « *l'homme moderne a du mal à penser le développement et la modernisation en termes d'abaissement plutôt que d'accroissement de la consommation d'énergie.* »

Face à cette nouvelle nécessité, la perception des concepts de frugalité et de sobriété est diversement ressentie. La frugalité semble participer d'un système économique viable et durable à la manière dont est conçue l'économie *Jugaad* des Indiens[61]. Elle suppose de faire fructifier ce que l'on a et de se libérer de contraintes, sources éminentes de joie. On est donc très loin de l'abstinence et encore moins de l'ascèse. La sobriété, pour sa part, évoque davantage la soumission à des contraintes[73].

IL NE S'AGIT (SURTOUT) PAS D'OPPOSER LA FRUGALITÉ ET LA SOBRIÉTÉ

Même si l'on a jusqu'ici séparé ces deux concepts (pour mieux les analyser), le but n'est surtout pas d'opposer ces deux termes, de décréter que l'un est noble et le deuxième, un faire-valoir, d'un rang inférieur ou accessoire. Il ne s'agit donc pas de mettre en opposition la frugalité et la sobriété. Il n'y a pas à choisir entre les deux ; bien au contraire, c'est la conjonction des deux qui peut infléchir la trajectoire d'une consommation (et d'une production) effrénée.

Que se passe-t-il si l'un des deux concepts manque à l'appel ?

La frugalité sans la sobriété : les besoins essentiels sont formulés, mais les moyens mis en œuvre pour les satisfaire ne sont pas sobres. On obtient un effet nul : l'intention était bonne, mais n'a pas été suivie d'effets.

La sobriété sans la frugalité : on peut l'expliquer comme la mise en œuvre de moyens sobres sur la base de besoins non essentiels. On obtient un effet fugace, voire contre-productif (cf. effet rebond[70]).

Il n'y a pas de prévalence entre frugalité et sobriété. Il faut se garder de croire que la frugalité qui agit plutôt sur le qualitatif, évoquant davantage la réflexion et la pensée est un concept plus noble que la sobriété (orientée quantitatif) et tenter de la reléguer à la simple mise en œuvre de moyens techniques. Non, la sobriété est le siège de l'action et sans elle, rien ne se passera. C'est l'ensemble des actions qui réalisent un but.

Même s'il n'y a pas de prévalence entre les deux concepts, il y a quand même une préséance à observer : la frugalité est nécessairement à l'origine de ce processus. On ne peut pas inverser le déroulement : sobriété puis frugalité. Ça n'aurait pas de sens. Ce serait comme faire une réponse à un cahier des charges avant d'en prendre connaissance ! C'est pourquoi, d'un point de vue méthodologique, il est indispensable de dissocier ces deux notions. Il faut d'abord prendre conscience de ce que l'on veut, suivant son propre système de valeurs morales, éthiques, philosophiques, puis en déduire ses objectifs fondamentaux (s'affranchir du superflu), pour enfin atteindre ses objectifs avec des moyens sobres.

Les différences essentielles entre la frugalité et la sobriété

La frugalité est une démarche personnelle (liée à son propre système de valeurs) et individuelle ; la sobriété est une démarche collective.

On ne peut imposer la frugalité, elle vient du « Moi fondamental » (au sens bergsonien), au plus profond de sa conscience. On ne peut pas l'imposer bien sûr, mais on peut la susciter, donner envie, éveiller l'intérêt chez les individus, la rendre attractive, peut-être éduquer et former si c'est possible. C'est un chantier à lancer qui va largement requérir la contribution des sciences humaines et sociales. Nous le présenterons plus en détail dans la conclusion (cf. Ouverture 1).

La sobriété répond toujours à un besoin ou une contrainte et est généralement prescrite par un ordre ou une injonction. Par exemple : réduire le chauffage, limiter sa consommation d'eau, moins utiliser sa voiture…

Pour rappel, la frugalité appartient à l'économie des besoins, où se mature l'objectif à atteindre, qui relève de la volonté pure, et de la décision.

La sobriété s'inscrit dans l'économie des moyens, là où précisément sont mis en œuvre un ensemble de moyens et de ressources quantifiées.

La sobriété répond à une exigence commandée par le besoin à assouvir qui peut se rapporter :

- À une contrainte économique : ne pas partir en vacances à cause de dépenses imprévues, limiter sa consommation de produits onéreux, car les charges ont augmenté, réparer tant que l'on peut au lieu de remplacer, cultiver un potager plutôt que d'aller au marché, etc.
- À une injonction venant d'une autorité (comme ça a été le cas d'E. Macron en juillet 2022) : baisser le

chauffage et réduire les éclairages dans les habitations et les bureaux, limiter ses déplacements, etc.

- Ou à une résolution que j'ai prise et qui m'incite à trouver de nouveaux usages sobres, comme acheter de l'alimentation en vrac, car je souhaite réduire le volume de mes déchets ou faire quand c'est possible mes déplacements à pied ou à vélo pour conjurer la vie trépidante, etc.

Il est donc impératif de distinguer les concepts de frugalité et de sobriété, car le premier est le siège de la décision et le second, celui de l'exécution. La frugalité est « heureuse » par essence, puisque résultant d'une décision personnelle. La sobriété, sans être coercitive, s'impose à nous.

On peut constater que, dans notre « ère moderniste », la sobriété est focalisée essentiellement sur l'économie et l'énergie. Mais nous l'avons vu, elle s'applique de la même manière et avec non moins de pertinence, à notre rapport aux objets, à la possession, aux réseaux sociaux, aux écrans… Cela est très bien expliqué par l'architecte Philippe Madec[53], dans son *Manifeste pour une frugalité heureuse et créative*. À propos du titre de son manifeste, il y a selon moi une légère surcharge : Philippe Madec renforce la frugalité avec l'attribut « heureuse ». Or, comme démontré juste avant : la frugalité (choisie) est de facto « heureuse » puisqu'elle émane originellement du désir. Mais c'est un détail qui n'obère en rien le travail considérable de Philippe Madec et de ses coauteurs, l'architecte Dominique Gauzin-Müller et l'ingénieur Alain Bornarel.

Nous résumerons ce qui caractérise chacun de ces deux concepts dans le tableau ci-après.

Tableau de synthèse de la frugalité et de la sobriété

Point de vue	**Frugalité**	**Sobriété**
Étymologie	*Frugalitas* (récolte)	Sobrietas (modération)
Symbolique	⬆ vient de la terre (offrande)	⬇ donné par un niveau supérieur (injonction)
Répond à la question	De quoi ai-je vraiment besoin ?	Quels sont les moyens les plus simples et efficients ?
Champ d'application	Morale, Éthique	Science, Technique, Intellectuel
Philosophie	Fin (but à atteindre)	Moyens (pour y parvenir)
Économie	Économie des besoins	Économie des moyens
Se conjugue en termes (selon Ivan Illich)	D'être	D'avoir
Maîtrise de soi	L'art de se contenter	L'art de se limiter
Analytique	Qualitatif (en mots)	Quantitatif (en chiffres)
Déterminisme	Besoins essentiels	Moyens sobres

D'un exemple	Service simple, accessible et pérenne	Réduction d'énergie, Low-tech[83], etc.
État	Choisi, désiré	Subi, obligé, contraint
Motivation	Conviction	Réponse à une injonction
Humeur	Heureux	Consentant
Organe	Cœur	Cerveau
Prise de conscience	Individuelle	Collective

DE L'IMPORTANCE DE LA FRUGALITÉ POUR ATTEINDRE LA SOBRIÉTÉ

Dans l'économie des besoins, nous avons un objectif, un but à atteindre, caractérisé par un besoin. La frugalité nous permet d'affiner ce besoin en le modérant pour supprimer le superflu : on obtient un « besoin essentiel ».

Il s'agit ensuite de répondre à ce besoin en mettant en œuvre les moyens (ressources, énergies, procédés, innovation, techniques, etc.) les plus sobres. On entre dans la partie réalisation que l'on a nommée « économie de moyens ». On constate que les moyens mis en œuvre sont optimaux quand le besoin est réduit à l'essentiel. Par exemple, selon que je passe mes vacances chez moi ou au bout du monde, le besoin varie et les moyens s'y rapportant seront extrêmement différents.

Les effets d'une approche axée sur les besoins ou sur les moyens

Risques d'une démarche axée uniquement sur les moyens

Si l'on raisonne par les moyens, ou si le besoin n'est pas essentiel (pas de démarche de frugalité), on s'expose à quelques risques :

- Ne pas ajuster les moyens, et donc en mobiliser trop et, par conséquent, en gaspiller.
- S'éloigner des objectifs, et donc ne pas satisfaire la demande pouvant générer de la frustration.
- Perdre du temps et de l'argent et générer des peines.
- Accélérer la dégénération de ressources plutôt que de favoriser leur régénération.

Si nous nous contentons de limiter les outils (au sens où Ivan Illich l'entend, c'est-à-dire l'ensemble des moyens, instruments, procédés…) au niveau de l'économie des moyens, nous passons totalement à côté d'une solution satisfaisante, car :

- Le périmètre du besoin est potentiellement surdimensionné.
- Les phénomènes d'épuisement des ressources, d'intensification des émissions, de gonflement des déchets, même s'ils marquent le pas, perdureront inexorablement.
- Si, grâce à des mesures de sobriété, quelques gains de sobriété étaient obtenus, l'effet rebond[70] surgirait, effaçant les quelques économies ainsi dégagées.

En outre, l'approche par les moyens n'a aucune prise sur la demande dont l'accroissement ne fléchit pas (hormis lors des crises). Cette approche n'est d'aucun recours pour contenir une situation inflationniste : plus de demandes, plus de production, plus de besoins... plus de demandes, etc.

Pour entrer dans un cercle vertueux, il est capital de changer progressivement la nature du besoin pour atteindre son caractère, sinon vital, à tout le moins déterminant, indispensable, crucial, décisif, et pour résumer : essentiel. Car c'est le besoin qui guide et qui induit des moyens de production lourds, sophistiqués, coûteux, hermétiques, impactants ou polluants, ou à l'opposé, simples, accessibles, sobres, économiques, durables et stables dans le temps.

Bénéfices attendus d'une approche par les besoins

À contrario, si l'on s'intéresse en premier à limiter nos exigences, nous mettrons en œuvre des moyens plus modestes pour y répondre. Si l'on parvient à faire prendre conscience de l'intérêt à modérer nos besoins, nous réduirons notre dépendance au manque en nous concentrant sur ce qui est vraiment important. Au niveau des moyens et ressources, il y aura mécaniquement moins besoin d'énergie et de ressources, et cela limitera les émissions, les déchets, et autres troubles pour la biodiversité. Sur un plan économique enfin, on réduira les coûts d'investissement, de conception, d'utilisation, d'entretien, et de maintenance. Cela apportera globalement plus de simplicité, d'accessibilité, d'inclusion, et de sécurité.

Notons au passage qu'il n'y a pas à craindre d'effet rebond[70], car le besoin est déjà ajusté et nous sommes dans une dynamique de congruence de nos exigences ce qui élimine le risque d'inflation des besoins.

QUELS SONT LES LEVIERS DE SOBRIÉTÉ ACTIONNABLES DANS L'ÉCONOMIE DES MOYENS ?

Les leviers sont multiples et je commencerai par le premier d'entre eux, la créativité. Si très souvent cette capacité échoit à la frugalité, elle est selon moi nettement plus cruciale dans la phase de mise en œuvre des moyens. Ainsi, découlant des besoins exprimés, les usages et les stratégies de design associées vont préciser à quoi est destiné l'objet, explique la docteure en sciences de l'information et de la communication, Marie-Julie Catoir-Brisson[74]. « *L'innovation dans le business model qui remet en question la façon de créer, de produire et de capter de nouveaux marchés me semble très appropriée à la démarche de sobriété* », poursuit-elle. Les technologies ont une part très importante à condition qu'elles soient simples, peu sophistiquées et inclusives (dans le sens de l'adaptation aux capacités de chacun), de type low-tech[83]. On peut ajouter toutes les techniques de conception respectueuses du vivant (humains, environnement). Comme levier, il y a aussi les sciences bien sûr, et pas seulement les sciences de la nature et les sciences formelles, les sciences humaines et sociales ont également une place prépondérante. Car, renchérit Marie-Julie Catoir-Brisson, « *nous avons besoin de nous lancer dans l'exploration des représentations dont nous héritons de notre culture et de notre expérience. Nous devons nous donner les moyens d'en changer.* »

Pour compléter les leviers de la sobriété, j'ajouterais tous les outils, méthodes, capacités allant dans le sens de la coopération, de l'économie circulaire (incluant celle de la fonctionnalité), et des circuits courts. Et plus généralement, tout ce qui va permettre de tendre vers la régénération du vivant, des entreprises et des modèles économiques.

RÉSUMÉ DE L'ESSAI PAR UN EXEMPLE INSPIRÉ PAR L'ACTUALITÉ RÉCENTE

Prenons l'exemple de Monsieur X, passionné par l'Univers depuis sa jeunesse. Il gagne très bien sa vie et se passionne pour les voyages et photos prises depuis l'espace. Il a notamment le désir d'exposer dans son bureau un cliché de l'espace montrant la rotondité de la Terre. Mais il souhaite prendre lui-même ce cliché.

Il convient de rappeler que dans la nomenclature des désirs d'Épicure, on peut classer ce désir dans les désirs non naturels et non essentiels. Le besoin originel est donc de prendre lui-même une photo de l'espace.

Cas n°1 : Pas de démarche de frugalité : pas de recherche de besoin essentiel.

La finalité est : prendre (soi-même) un cliché de la Terre.

Les moyens à mettre en œuvre sont : contractualiser avec un des quatre opérateurs proposant le service et embarquer dans une fusée pour une croisière spatiale.

Compte tenu du besoin, la démarche de sobriété n'est simplement pas envisageable (sauf à considérer une fusée réutilisable, fonctionnant à l'hydrogène vert et fabriquée avec des matériaux de récupération).

Coût minimal de l'opération : environ 300 000 $ US (juste pour le vol de quelques minutes) et tous les frais afférents pour se rendre sur la base de départ située aux États-Unis et en revenir.

Cas n°2 : Démarche de frugalité : le besoin essentiel est revu à la baisse.

La finalité est légèrement différente. Il s'agit toujours de l'acquisition d'un cliché de la Terre qui est requis, mais, cette fois-ci, pris par un tiers.

Les moyens à mettre en œuvre sont extrêmement légers : acheter un cliché, mais sans faire la croisière.

La recherche de sobriété est simplissime.

Coût de l'opération : quelques centaines de $ US

Dans les deux cas, le résultat de l'action est un cliché de la Terre.

Dans le cas n°1, le sentiment de gloire et de puissance prédomine.

Dans le cas n°2, le sentiment de gloire et de puissance n'existe plus.

L'acte de frugalité menant au besoin essentiel a permis une action sobre. Sans remise en question du besoin (cas n°1), menant au besoin primordial, l'action aurait généré une débauche de ressources, d'énergie, de déchets et d'argent. En remettant en question le besoin originel, l'acte de frugalité a permis d'en extraire ce qui était vraiment essentiel (le cliché) et la recherche de moyens sobres a été facilitée.

Le duo gagnant : frugalité/sobriété

C'est le couplage frugalité du besoin/sobriété des moyens qui est optimal dans une recherche de révision des objectifs et d'atténuation dans la mise en œuvre. Un besoin ajusté, frugal associé à une résolution sobre est la meilleure combinaison pour qu'une action aille dans le sens d'une atténuation, d'une modération recherchée.

CONCLUSION

RAPPELS DES PRINCIPALES ÉTAPES

1- Nous avons, pour commencer, introduit la notion fondamentale de « la fin et les moyens ».

2- Nous nous sommes intéressés à l'individu dans sa dimension ontologique (son essence même) et plus précisément à ses désirs qui se convertissent en besoins-accomplissement du désir.

3- Ces besoins permettant de fixer des objectifs trouvent donc leur place dans la « fin ».

4- Nous avons défini « l'économie des besoins » comme l'ensemble des processus de la « fin » où se déterminent les besoins finaux (Platon la baptisait « science des fins »), que nous avons affinés pour en extraire (via une démarche de frugalité) la quintessence : les besoins essentiels.

5- Nous avons défini « l'économie des moyens » (pour Platon : « science des moyens »), comme l'ensemble des instruments pour réaliser ces besoins essentiels, qui vont être réalisés selon les règles de sobriété.

6- Ces besoins essentiels sont réalisés au niveau des « moyens » où sont mises en œuvre des règles de sobriété.

7- Nous avons détaillé ce que recouvrait la frugalité et la sobriété pour éviter des dissonances de compréhension et d'utilisation.

8- Nous avons établi enfin une synergie entre la frugalité et la sobriété, pour opposer la retenue et la modération aux excès.

Nous terminons cette synthèse par des ouvertures qui renvoient vers d'autres perspectives de réflexion et qui permettent de se projeter dans le futur en prolongeant cette étude.

LES GRANDS PRINCIPES EN SYNTHÈSE

La frugalité et la sobriété se conjuguent pour atteindre la modération

La frugalité et la sobriété participent de la même quête de pondération et s'inscrivent dans la vertu de la tempérance. Loin de s'exclure mutuellement, il est indispensable de les lier au sein d'une même démarche de modération. C'est la conjonction des deux concepts qui permet d'atteindre l'atténuation recherchée. Il convient de traiter un besoin essentiel (frugal) élaboré dans le domaine de la « fin » en lui appliquant des moyens sobres mis en œuvre dans le domaine des « moyens ».

La frugalité : un outil pour enrayer le marasme

Après de nombreuses et vaines tentatives pour juguler les effets délétères de notre système productiviste, il est temps de renverser la vapeur en s'attaquant à la demande (les besoins, donc, qui entraînent la consommation). Cela passe par la révision de nos besoins, non pas à la baisse, mais à l'essentiel. La frugalité est le bon véhicule pour y parvenir.

Ordre de préséance : la frugalité d'abord

La frugalité mène à la sobriété, car l'économie des besoins précède l'économie de moyens. La réciproque n'a évidemment pas de sens, car il faut savoir ce que l'on décide de faire avant de déterminer comment le faire.

Il faut procéder suivant cet ordre :

- Commencer par la frugalité par le fait que l'on décrit les besoins primordiaux à réaliser.
- Puis continuer avec sobriété des moyens et des ressources à mettre en œuvre dans ce but.

- Attention, procéder de la sorte n'exclut pas bien entendu les interactions entre la fin et les moyens.

La bonne démarche : raisonner par les besoins

Prenons un exemple concret : je souhaite réduire ma consommation d'énergie fossile pour ma voiture personnelle.

Si je raisonne par les moyens (sobriété), je serais peut-être tenté de racheter un autre véhicule moins énergivore.

Mais si je raisonne par les besoins (frugalité), je vais plutôt considérer que :

- C'est la capacité de me déplacer qui m'importe (la fonctionnalité).
- Je peux éviter des déplacements ou en grouper certains.
- Cela ne me dérange pas de partager un moyen de locomotion avec d'autres personnes.
- Je ne suis pas attaché plus que ça à mon véhicule.
- Il y a de multiples autres offres de déplacement : à pied, à vélo, covoiturage, copartage, transports en commun…

Et en tirer la conclusion que je n'ai pas nécessairement intérêt à posséder mon propre véhicule.

Dans un cas (raisonnement par les moyens) : j'achète un véhicule neuf.

Dans l'autre (raisonnement par les besoins essentiels), je me débarrasse de mon véhicule actuel.

C'est en raisonnant sur les besoins que j'ai pu affiner mes besoins primordiaux (essentiels).

Risque d'aborder la sobriété sans démarche préalable de frugalité

Nous sommes dans le cas où nous mettons en œuvre des moyens sobres répondant à un besoin non essentiel.

Deux cas se présentent :

- Le plus favorable (**Interaction entre fin et moyens) :**
    - Pas de besoin essentiel exprimé (juste un besoin simple).
    - Identification de moyens sobres.
    - Le moyen interagit avec le besoin initial pour qu'il devienne un besoin essentiel.
- Le moins favorable (**Pas d'interaction entre fin et moyens) :**
    - Pas de besoin essentiel exprimé (juste un besoin simple).
    - Identification de moyens sobres.
    - Pas d'interaction entre les moyens et le besoin initial (qui demeure non essentiel).
    - Risque : on met en place des moyens sobres pour un besoin qui peut être immodéré.

En conclusion de cette démarche inversée, aborder la sobriété sans passer par la phase de frugalité préalablement est théoriquement possible, mais fonctionne à la condition que l'interaction entre la fin et les moyens nous fasse requalifier les besoins pour en extraire le caractère essentiel. Si cette interaction ne se fait pas, nous allons déployer des moyens sobres sur des besoins qui peuvent être démesurés, extrêmes ou insensés. Dans ce cas, on aura beau avoir fait preuve de sobriété dans l'exécution, nous n'aurons pas pour autant agi sur la pertinence réelle des objectifs. C'est le cas d'une injonction comparable à celle qu'Emmanuel Macron a exprimée en juillet 2022 quand il a décrété la sobriété énergétique : il nous donne l'ordre de faire des économies d'énergie (on agit sur les moyens), que l'on soit d'accord ou pas sur la finalité (sans challenger le besoin). La prise de conscience réfléchie, délibérée, souhaitée par chaque citoyen (démarche de frugalité) n'a pas présidé à la décision de modérer son train de vie énergétique. Nous avons été engagés illico dans une démarche de sobriété qui ne nous agrée pas nécessairement. Si les citoyens avaient adhéré d'eux-mêmes à cette décision à travers une démarche de frugalité, le succès de ce plan de sobriété énergétique aurait eu toutes les chances d'aboutir.

Imposer la sobriété/Susciter la frugalité

Le magazine *Philosophie Magazine* a posé cette question au philosophe Olivier Rey en novembre 2022 :

« *Comment mettre en place une culture de la sobriété à l'échelle collective ?*

1. *En l'imposant par le haut ?*
2. *Ou en encourageant les actions vertueuses venues d'en bas ?* »

Olivier Rey, pragmatique, a répondu par une pirouette en proposant un troisième choix : « *Ce seront les limites physiques qui imposeront la sobriété.* »[50]

Il avait totalement raison. Comme on l'a vu, la sobriété découlant de la frugalité s'impose généralement à ceux qui ne peuvent l'éviter[75]. C'est au niveau de la frugalité dans l'économie des besoins que l'on peut décider de mettre en place une culture collective.

La question aurait dû être : comment mettre en place une culture de la frugalité à l'échelle collective ? Et là, Olivier Rey aurait certainement répondu très différemment. C'est typiquement une question à adresser aux sciences humaines et sociales qui s'intéressent à la fois à l'individu (dans sa quête personnelle et philosophique pour la frugalité) et à la dimension collective pour justement déployer cette démarche à grande échelle. Parmi les experts des sciences humaines et sociales, je vois également un rôle clé des sociologues de l'imaginaire. En effet, il est indispensable que les représentations que se fait chaque individu ou groupe d'individus viennent enrichir les représentations du courant dominant dictées par des industries influentes[76]. Les grandes mutations ou les grands projets sociétaux débutant prioritairement par l'imaginaire d'une société rendent prépondérants l'observation, l'animation et l'encadrement par ces sociologues.

PROJECTIONS DANS LE FUTUR

Ouverture 1 : Rendre la frugalité attractive pour un déploiement à grande échelle

L'inclination vers une approche frugale est très motivante pour celles et ceux qui en font le choix. Mais il faut le reconnaître, la frugalité, même si c'est une approche raisonnable, n'est pas d'emblée enthousiasmante pour ceux qui ne sont pas familiers de la démarche. Il est donc indispensable de la rendre attractive, stimulante, lui donner un autre ton, un autre sens et inventer le moyen de la rendre expansive. C'est la condition pour espérer tendre vers des besoins essentiels.

La prise de conscience d'une démarche frugale est individuelle et elle doit s'inscrire dans un mouvement collectif. Car ce modèle n'est viable que s'il est généralisé. Sans être devant une contradiction irréductible, on se trouve face à une résolution assez délicate : comment trouver pour soi de l'intérêt à un mode de vie frugal qui s'inscrit dans l'intérêt commun ? La diffusion à large échelle reste à inventer.

Pour nous guider, on peut s'inspirer de la simplicité volontaire qui, on l'a vu, se rapproche beaucoup de la frugalité. Et pour ce faire, tournons-nous vers les auteurs Bruno Clémentin et Vincent Cheynet, qui ont travaillé sur « l'attrait d'une recherche de simplicité appliquée »[77] et qui nous relatent leurs conclusions sur une cinquantaine d'expériences. En substance, ils développent la démarche de simplicité volontaire, une philosophie pratique selon laquelle la vie se trouve ailleurs que dans l'accumulation indéfinie et le « tout, tout de suite ».

D'aucuns seraient sans doute tentés d'enjoindre les citoyens à la frugalité, mais ce n'est tout simplement pas possible, car on a vu que l'injonction ne pouvait pas s'appliquer à une aspiration personnelle. C'est comme si l'on exigeait de quelqu'un qu'il aime un parfum ou qu'il apprécie une musique. Ça n'a pas de sens.

Le problème reste donc entier et il y a de nombreuses pistes à creuser, comme le recours à l'imaginaire social, utile pour élargir le champ des représentations et des appréciations et nous donner l'impulsion pour imaginer d'autres modèles.

D'autres expérimentations existent, desquelles il est intéressant de s'inspirer :

1- Dans son essai, Razmig Keucheyan[17]propose une sorte de thérapie collective, inspirée des Débiteurs anonymes[78], qui organise des « cercles de simplicité » dont le but est de reprendre le contrôle sur ses besoins et rompre avec des pratiques de consommation compulsives.

2- L'association Les Capitalistes anonymes[79,] qui proposent de partager en groupe et faciliter l'introspection conduisant à se défaire d'addictions consuméristes nuisant à l'environnement.

3- Le modèle de gouvernance sociale de la prud'homie des pêcheurs méditerranéens (évoquée dans le chapitre I) peut nous éclairer sur une façon de s'imprégner des principes de frugalité. C'est une tout autre forme de diffusion qu'apporte ce groupement animé par un esprit de corps et basé sur les principes de solidarité, loyauté, simplicité et partage d'un intérêt commun, que l'individualisme, seul, ne permet pas.

Cette liste est loin d'être exhaustive et je compte sur les sciences humaines et sociales pour faire émerger d'autres idées.

Ouverture 2 : projet de mise en application des concepts de frugalité et de sobriété dans des applications numériques à travers la low-tech[83]

C'est un projet que je souhaite mener prochainement, faisant le lien de mise en application avec le présent essai.

Il s'agit de la mise en application des principes de frugalité et de sobriété dans la conception et la réalisation d'applications numériques en mode low-tech[83]. Il conviendra d'identifier les bonnes pratiques, les parties prenantes, les méthodes et outils, d'une part, et les facteurs de réussite et de transformation (marketing, modèles économiques, design…), d'autre part.

L'objectif est de proposer une méthodologie pour mener à bien la conception d'une application numérique en partant de l'économie des besoins jusqu'à l'économie des moyens (en appliquant de bonnes pratiques low-tech[83]) et en prodiguant des conseils et des clés de réussite.

Ouverture 3 : projet – l'apport de l'I. T. (technologies de l'information) dans la régénération écologique et sociale

Ce projet s'alimenterait des travaux précédents, à savoir :

- « La frugalité et la sobriété » sur un plan théorique (le présent essai).
- La mise en application de ces principes dans le développement d'applications numériques en mode low-tech.

L'objet serait le concours de l'I. T. (informatique) pour faciliter la contribution des entreprises à la régénération socio écologique :

- Porteuse de justice sociale,

- Dynamique d'imbrication dans des systèmes naturels,
- Interdépendance et développement des parties prenantes,
- Accessibilité et inclusion,
- Logiques de coopération interne et externe aux organisations,
- Principes de frugalité, de sobriété et de simplicité,
- Limitation des impacts sur le vivant, puis génération des impacts positifs,
- Transformation des modèles économiques dans le respect des limites planétaires,
- Changement de paradigme social, culturel, écologique, intellectuel,
- Prise en compte des problématiques et remise à plat des besoins (essentiels) avant la mise en œuvre de solutions.

Pour aller plus loin sur l'entreprise régénérative, je vous invite à lire Christophe Sempels, directeur du centre de recherche-action LUMIA[80].

Ouverture 4 : Construire un projet de société

Je précisais en introduction que je n'allais pas développer dans cet essai la question très aiguë de ceux qui n'ont pas le choix, disons plutôt le luxe de la frugalité, mais à qui la société inflige la parcimonie forcée. C'est un projet politique d'ampleur qu'il faut mener, et le philosophe James Griffin recommande « *que les plus nantis restent humbles quand ils peuvent s'offrir le luxe de choisir de modérer ou non leur rythme de vie, car pour les personnes qui vivent dans le dénuement, la parcimonie est une chose terrible.* »[36]

Ce projet implique de nous révéler à nous-mêmes les dysfonctionnements de notre société et de repenser un monde où l'on peut encore explorer beaucoup de pistes pour amplifier l'épanouissement humain.

Enfin, il faudra se donner le courage et les moyens de réfléchir sur le mode de société compatible avec cette démarche, redéfinir un système de valeurs, s'interroger sur les indicateurs qui reflètent la réussite, se pencher sur d'autres critères qui donneraient des indications sur le bien-être des citoyens. Bref, revisiter nos formes de sociétés basées sur le rendement et les gains de productivité et qui pensent que l'atténuation est un frein à l'épanouissement et au bonheur.

Il faut donc instruire ce sujet, qui est de déployer le principe de frugalité, en embarquant évidemment tous les individus. Face au fossé qui se creuse entre favorisés et démunis, l'objectif est de rassembler ces catégories sur la base des besoins essentiels en réduisant les aspirations des premiers, et en élevant les garanties des seconds.

Bien au-delà de la recherche d'atténuation des besoins et des moyens qui bénéficierait au climat, à l'énergie, aux ressources, c'est bien dans le domaine de l'humanisme que ce projet trouverait sa grandeur.

LA FRUGALITÉ, POUR EFFACER LES DIFFÉRENCES

Un mode de vie frugal pour effacer la misère

Voici une proposition engagée et également un peu utopique, que l'on doit au philosophe Cornelius Castoriadis[29], qui dit en substance que l'on sait pertinemment comment opérer pour gommer la misère dans le monde : cela commencerait par le contrôle des technologies (contrôle des outils, aurait dit Ivan Illich), pour faire ensuite converger tous les individus vers une vie frugale, avec la mise en place d'une instance compétente, humanisée et démocratique pour définir quels seraient les besoins essentiels.

Sa proposition : « *La sortie de la misère des pays pauvres ne pourrait se faire sans catastrophe que si l'humanité accepte une gestion de bon père de famille des ressources de la planète, un contrôle radical de la technologie et de la production, une vie frugale. Cela peut être fait, dans l'arbitraire et dans l'irrationalité, par un régime autoritaire où totalitaire ; cela peut être fait aussi par une humanité organisée démocratiquement, à condition précisément qu'elle abandonne les valeurs économiques et qu'elle investisse d'autres significations* »[29]. Il est cependant chimérique d'imaginer qu'une organisation, tout humanitaire soit-elle, puisse installer ce « mode de vie frugal » comme une alternative aux valeurs économiques aujourd'hui encore dominantes ? Point. Mais cela donne matière à réflexion.

Seule la frugalité peut nous rendre tous égaux

Dans la même veine, Montesquieu déclare dans son chapitre sur l'économie de la pauvreté : « *Une société de gens égaux est nécessairement une société frugale : chacun devant avoir le même bonheur et les mêmes avantages doit goûter les mêmes plaisirs et former les mêmes espérances ; chose qu'on ne peut attendre que de la frugalité générale* »[81]. Il poursuit ainsi : « *Le mal arrive lorsque l'excès des richesses détruit cet esprit de commerce. Chacun devant y avoir le même bonheur et les mêmes avantages, y doit goûter les mêmes plaisirs, et former les mêmes espérances ; chose qu'on ne peut attendre que de la frugalité générale.* » (*De l'esprit des lois*)[81].

Jean-Baptiste de Foucauld, qui milite pour une vision élargie des besoins humains, propose la notion de « *pacte sociétal de la solidarité »* dans son livre *L'abondance frugale - Pour une nouvelle solidarité.*[15]

Les conditions de la frugalité selon Jean-Jacques Rousseau

Matthieu Abgrall, docteur en histoire ancienne, nous éclaire sur la pensée de Jean-Jacques Rousseau quant aux conditions d'installation d'une frugalité intégrale dans une société. Pour une meilleure compréhension, il met en regard la philosophie de l'auteur avec le monde actuel tel qu'il se déroule[92]. Pour Rousseau, il faut, avant toute chose, gommer les inégalités sociales pour faire disparaître le luxe et les convoitises. Ce qui, rapporté au XXIe siècle, se traduirait par la réduction de la consommation excessive d'objets rapidement obsolètes. Pour éviter la platitude d'une telle société, il restaure des valeurs morales telles que la dignité, l'estime, la considération, la conduite méritante, qu'il regroupe sous le vocable « *honneur* ». En quelque sorte, il substitue ces valeurs morales à celles qu'il stigmatise (luxe, convoitise…).

Cet honneur, purement honorifique et immatériel, présente des avantages multiples :

- Le premier est de nature morale : il est utilisé pour réguler le comportement des individus ; c'est la fonction prépondérante.
- Le second est de nature sociale : il sert à structurer et à stabiliser la société et à préserver la cohésion du corps social.
- Le troisième est politique au sens large du terme. Il établit des règles de société, les met en application et équilibre ses composantes.
- Le quatrième est d'ordre économique : les honneurs sont distribués sans grever les budgets !

Si je schématise la pensée de Rousseau qu'il développe dans *Du contrat social*, je dirais :

Les inégalités sociales :

Issues de **:** richesse, luxe, pauvreté, dénuement

Génèrent : envies, domination, convoitises, frustration

Qui induisent une consommation excessive

Établissant une inégalité de traitement

Provoquant un appauvrissement intellectuel et moral

Conduisant à une perte de sens

Nous avons vu que, pour aboutir au besoin essentiel, il faut parvenir à limiter ses désirs. Voyons comment Jean-Jacques Rousseau aborde cette problématique. Il supprime en amont les inégalités sociales, ce qui a pour effet de rendre le luxe moins attractif et donc de limiter son désir, laissant ainsi la voie à une société plus frugale (besoins essentiels).

Les sciences humaines et sociales entrent en scène

Dans leur récent livre *Comment bifurquer ?*, le sociologue Razmig Keucheyan et l'économiste Cédric Durand avancent quelques pistes très inspirantes pour mener à bien la planification écologique, ou plus exactement la bifurcation écologique[95]. La bifurcation écologique et la frugalité ne sont pas synonymes, mais on trouve dans les deux cas une articulation autour des besoins essentiels, donc de la frugalité. Ce qui m'intéresse dans l'approche des deux auteurs, c'est qu'enfin ce sont les sciences humaines et sociales qui s'emparent d'un sujet sur les besoins et non pas les sciences dures. Pourquoi est-ce si important ?

Comme abordé plus haut, le travail sur la conscientisation d'un avenir autre, sur la science des valeurs sociologiques et morales, ou sur la libération des imaginaires va nous permettre de nous interroger sur le mode de vie que nous voulons privilégier. Pour moi, ce sont aux experts des sciences humaines et sociales d'adresser ce sujet. Ils savent représenter le développement humain dans toute sa dimension sensible, éthique, morale, philosophique et économique.

Je retiens les quelques idées-forces des deux auteurs cités qui pourraient parfaitement s'appliquer au déploiement de la frugalité, à savoir :

- C'est l'affaire de tous : les individus doivent être impliqués dans la définition des besoins individuels et collectifs (en restant à l'écart du modèle productivisme/consumériste).
- Libérer les nouveaux imaginaires et rendre le futur désirable.
- Manifestation d'une volonté collective publique.
- Initiation de la démarche de planification par l'État avec un budget dédié.
- Favoriser une réflexion en mode décentralisé, mais assurer le pilotage et la synchronisation de l'ensemble, ce qui implique une refonte du débat démocratique.
- Gouverner par les besoins (objectiver les besoins) : sobriété, soutenabilité, justice sociale.
- Fixation des objectifs (la fin), mise en œuvre (les moyens) et contrôle que les objectifs sont atteints.
- Construire un récit collectif.

Il n'est pas étonnant de retrouver des pistes communes pour diffuser la frugalité et la bifurcation écologique. En effet, le sociologue Razmig Keucheyan, un des deux auteurs de *Comment bifurquer - Les principes de la planification écologique,* a sorti en 2019 un livre sur les besoins artificiels[17]. Du besoin artificiel au besoin essentiel, il n'y a qu'un pas !

À la fin, c'est le bonheur que l'on recherche

La recherche de la frugalité est avant toute chose une façon de se libérer de contraintes et de contingences dans le but de se concentrer sur ce qui est vraiment important pour soi.

Sans que l'on s'en rende nécessairement compte, l'accumulation de choses, de contraintes, d'engagements, génère de la dépendance, de l'agitation a des effets directs sur notre économie, notre niveau de stress, notre liberté de mouvement et de pensée. Pris dans la spirale du quotidien, au milieu de toutes les sollicitations, charges, astreintes ou autres asservissements, nous n'avons pas toujours l'opportunité de remettre en question notre mode de vie et nous poser les questions essentielles pour nous permettre d'atteindre une absence de troubles et la tranquillité de l'âme (« ataraxie » en philosophie).

Que ce soit d'un point de vue intellectuel, philosophique, familial, relationnel, voire spirituel, l'objectif est de mener une vie plus heureuse ou davantage centrée sur des valeurs définies comme « essentielles », à même de combler les aspirations profondes de chaque individu.

Le rendez-vous manqué des politiques en France

J'aurais aimé terminer cet essai sur une note positive et encourageante, mais l'actualité ne s'y prête franchement pas. Il est frappant de noter que les trois partis qui se sont affrontés le 7 juillet 2024 en France pour le 2^{d} tour des élections législatives insistent tous dans leur offre sur les moyens à mettre en œuvre pour faire face à la recrudescence des besoins qui vont continuer de croître. La progression des besoins leur semble inéluctable à tous les trois et il s'agit pour eux d'y faire face à tout prix en proposant des moyens pour les satisfaire.

L'erreur qui est commise est de croire que l'on pourra toujours piloter la production (les moyens) grâce à la créativité, l'innovation, la science ou les techniques, de s'y concentrer exclusivement, et d'user de faux-fuyants pour ne pas se poser les questions de fond qui remettraient en cause tout un système. Car le problème est en amont, il faut inventer un nouveau style de vie, un autre rapport à la consommation, à la réalisation de tous nos désirs et à leur immédiateté. Il faut redonner du sens à nos aspirations, reprendre la main sur notre système de valeurs et miser sur notre épanouissement personnel.

On aurait pu penser qu'une alternative à cette escalade trouverait raisonnablement sa place dans les programmes des candidats et que c'était le juste moment pour proposer une modération de notre niveau d'exigence. Il n'en a pas été ainsi, signe que le niveau de conscience n'est pas encore suffisant pour proposer une offre en rupture. Nous continuons pour l'heure à renforcer les moyens pour contenir le niveau de nos appétences, sans vraiment remettre en question nos aspirations. En d'autres termes, prioriser les moyens en épargnant les besoins se traduit par une démarche de sobriété sans démarche de frugalité.

Dit autrement, sans frugalité, la sobriété est vaine et illusoire.

RÉFÉRENCES - NOTES

1- Marin Cécile, Développement socio-économique, La « grande accélération » du système terrestre, Le Monde diplomatique, décembre 2015, monde-diplomatique.fr

- https://www.monde-diplomatique.fr/cartes/acceleration-terrestre

2- Rabhi Pierre, *La Sobriété heureuse - modération de nos besoins et désirs*, *Vers la Sobriété heureuse*, Actes Sud (actes-sud.fr)

- https://www.actes-sud.fr/catalogue/economie/vers-la-sobriete-heureuse

3- Franklin Benjamin (1706-1790), intellectuel, homme d'affaires et politique (a participé à la rédaction de la constitution américaine) : *Frugalité comme une des 13 vertus - Simplifier la vie* (simplifier-la-vie.com) ; Mémoires d'après la traduction de F. Lancelot Bruxelles, 1 856

- https://simplifier-la-vie.com/etre-plus-heureux-13-vertus-benjamin-franklin/

4- Gorz Andre, *Éloge du suffisant s'émanciper du travail*, Christophe Gilliand, André Gorz, 2019

5- Casevitz Michel, linguiste, philosophe et helléniste, article : *Les mots du moment : Sobriété, Frugalité*, Revue Raison présente 2022, https://www.cairn.info/revue-raison-presente-2022-3-page-245.htm

6- Pape François, 2e encyclique *Laudato Si*

- http://w2.vatican.va/content/dam/francesco/pdf/encyclicals/documents/papa-francesco_20150524_enciclica-laudato-si_fr.pdf

7- Chevarie Cossette Simon-Pierre, professeur assistant de philosophie Neufchâtel, *Désirs naturels et artificiels*, Diogène et Épicure

8- ADEME (Agence de l'environnement et de la maîtrise de l'énergie), *Panorama sur la notion de sobriété*, La librairie ADEME, https://librairie.ademe.fr/dechets-economie-circulaire/489-panorama-sur-la-notion-de-sobriete.html

9- Illich Ivan, *La Frugalité se conjugue en termes d'être, la Sobriété se conjugue en termes d'avoir*, la Convivialité-Éditions du Seuil, 1973

10- Aristote, *LES FINS ET LES MOYENS : UN PUZZLE ARISTOTÉLICIEN* on JSTOR https://www.jstor.org/stable/24353817,

Anne-Marie Roviello and Carlo Natali, Revue de Philosophie Ancienne, Vol. 6, n° 1 (1988), pp. 107-146 (40 pages), Published By EURORGAN s.p.r.l., OUSIA, https://www.jstor.org/stable/i24353281

11- SPINOZA Baruch, Philosophe (1632 – 1677), *L'Éthique*

12- Épicure, philosophe grec (342 av. J.-C./- 270 av. J.-C.) : fondateur du mouvement de pensée « l'épicurisme », basé sur le matérialisme, la recherche du plaisir dans le but de tranquilliser l'âme, une approche très pragmatique de la mort permettant une fin de vie heureuse et la distance vis-à-vis des dieux.

13- Schopenhauer Arthur : le cycle infernal du désir - Livre : le *Monde comme volonté et comme représentation*, plus précisément en III, §38

14- Maslow Abraham : La pyramide de Maslow : la théorie des besoins, Psychologue.net, https://www.psychologue.net/articles/la-pyramide-de-maslow-la-theorie-des-besoins

15- Foucauld (de) Jean-Baptiste, *L'abondance frugale*, Odile Jacob, 2010 ; *L'abondance frugale. Pour une nouvelle solidarité*, Cairn.info, https://www.cairn.info/revue-projet-2010-6-page-93.htm

16- Heller Agnès, *Par-delà le vrai et le faux. Deux textes sur la théorie des besoins* | Cairn.info, https://www.cairn.info/revue-mouvements-2008-2-page-13.htm

17- Keucheyan Razmig : *De quoi a-t-on vraiment besoin ? Les besoins artificiels*, Éditions La Découverte (editionsladecouverte.fr)

https://www.editionsladecouverte.fr/les_besoins_artificiels-9782355221262

18- Jonasz Hans (1903-1993), philosophe allemand : *Une introduction au principe responsabilité* - HAL-SHS - Sciences de l'Homme et de la Société, https://shs.hal.science/halshs-00727582/

19- Fournier Jacques (1929 - 2021), haut fonctionnaire, *L'économie des besoins Économie des besoins*, Éditions Odile Jacob, 2 013

https://www.odilejacob.fr/catalogue/sciences-humaines/economie-et-finance/economie-des-besoins_9782738128980.php

20- Platon : un des dialogues de Platon où le désir est l'esclave du corps. *Œuvres complètes*, Tome VII, 2e partie : *La République*, Livres VIII-X

21- Moyen pour une fin, Wikipédia (wikipedia.org)

- https://fr.wikipedia.org/wiki/Moyen_pour_une_fin. Toute action (le moyen) effectué dans le but d'obtenir autre chose (la fin).

22- Saint Thomas d'Aquin, *Les éléments de la moralité des actes chez saint Thomas d'Aquin (suite et fin), Revue* philosophique de Louvain, Année 1922, 95 pp. 281-313,

23- Hegel, Propédeutique philosophique, 1809-1811, *Société civile et système des besoins* | Cairn.info, https://www.cairn.info/revue-l-enseignement-philosophique-2013-2-page-11.htm ; Premier cours, Deuxième subdivision, II, § 64., Trad. M. de Gandillac, Éditions De Minuit, 1997, pp. 78-79

24- Popper Karl, *La Société ouverte et ses ennemis*, 1945, tome 1, note 5 du chapitre 9, tr. fr. Jacqueline Bernard et Jacques Monod, Points essais, 2018, p. 319-320.

25- Luther King Martin, *La seule révolution*, Casterman, 1968

- https://www.sayanns.com/la-fin-et-les-moyens-martin-luther-king/>)

26- Löhrer Guido, universitaire, *Fins et moyens : théorie constructive des types* – article : https://journals.openedition.org/msh/pdf/2947

27- Delassus Éric, philosophe, *Fin et conséquences* (11) Ne pas confondre les fins et les conséquences | LinkedIn, https://www.linkedin.com/pulse/ne-pas-confondre-les-fins-et-cons%C3%A9quences-%C3%A9ric-delassus/?originalSubdomain=fr

28- Huxley Aldous, *La fin et les moyens* (1937) où il analyse que la technologie sans humanité est un moyen pire qu'inutile.

29- Castoriadis Cornelius, *Les carrefours du labyrinthe*, Vol. 3. *Le monde morcelé* (laprocure.com),

- https://www.laprocure.com/product/18099/castoriadis-cornelius-les-carrefours-du-labyrinthe-vol-3-le-monde-morcele

30- Platon, *Le Banquet*, -380 av. J-C., Discours sur la nature et les qualités de l'amour, où le désir est ici une force motrice qui donne à l'âme sa véritable destination.

31- Aristote, théorie de la mesure https://fr.wikipedia.org/wiki/Aristote>

32- I.R.D (Institut de recherche pour le développement), *La terre nourricière : une thématique centrale pour l'IRD* | Site Web IRD, https://www.ird.fr/la-terre-nourriciere-une-thematique-centrale-pour-lird

33- Cicéron, l'idéaliste,

- https://www.histoire-et-civilisations.com/thematiques/antiquite/ciceron-lidealiste-quil-fallait-abattre-68142.php

34- Esponde François-Xavier, prêtre du diocèse de Bayonne, *La Frugalité au temps de l'Antiquité ?* (baskulture.com), https://www.baskulture.com/article/la-frugalit-au-temps-de-lantiquit-5299

35- Cicéron : la notion de tempérance devenue chez lui la Frugalité <https://www.baskulture.com/article/la-frugalit-au-temps-de-lantiquit-5299

36- Griffin James (Juillet 1933- Nov. 2019), professeur de philosophie morale, - Article : *une vertu ?*

- unesdoc.unesco.org/ark:/48223/pf0000110420_fre/PDF/110425freo.pdf.multi.nameddest=110420

37- Nietzsche F. : le sens de la vie (la finalité de la vie), *Sens de la vie*, Wikipédia (wikipedia.org), https://fr.wikipedia.org/wiki/Sens_de_la_vie

38- Style minimaliste dans la mode ; *De l'épure à la singularité - Qu'est-ce que le style minimaliste et comment s'habiller minimal ?* (borasification.com)

- https://borasification.com/style-minimaliste-comment-shabiller-minimal-guide/

39- Burbage Frank, docteur en philosophie : Association Vacarme, Article : *Liberté, Égalité, Frugalité* ? 2010 | Cairn.info, https://www.cairn.info/revue-vacarme-2010-2-page-24.htm

40- Le coût de la complexité administrative 3 % de PIB, le coût de la complexité administrative : le chiffrage de ce qu'une vraie réforme de simplification apporterait à l'économie française | Atlantico.fr

https://atlantico.fr/article/decryptage/3-de-pib-le-cout-de-la-complexite-administrative--le-chiffrage-de-ce-qu-une-vraie-reforme-de-simplification-apporterait-a-l-economie-francaise-stanislas-de-bentzmann-agnes-verdier-molinie-michel-rousseau-

41- Voir Simplification des demandes administratives CERFA : la complexité coûte cher. *Faire disparaître les Cerfa, poursuivre les économies... Comment le gouvernement va donc s'y prendre ?* (Ouest-france.fr), https://www.ouest-france.fr/economie/budget-collectivites-etat/faire-disparaitre-les-cerfa-poursuivre-les-economies-comment-le-gouvernement-va-donc-sy-prendre-cbbf9806-dbdc-11ee-a79f-2312009be08f

42- PERRIN Claude Stéphane, professeur de philosophie, *BERGSON et l'intuition du simple*

43- Kœnig Gaspard, Philosophe, avec Nicolas Gardères : Simplifions-nous la vie, éditions de l'Observatoire, 17 novembre 2021

44- SOLON d'Athènes, poète grec, Solon, Wikipédia (wikipedia.org)

- https://fr.wikipedia.org/wiki/Solon

45- Latouche Serge, philosophe, économiste, *L'abondance frugale comme art de vivre*, 2020, Odile JACOB

46- LEGROS Martin, philosophe et journaliste : article dans Philosophie magazine, octobre 2022

47- Roué Marie, éco-anthropologue, directrice de recherche émérite au Museum : Étude de chasseurs cueilleurs au Botswana : un exemple d'économie du partage, Article : *Chasseurs-cueilleurs, une économie du partage* - courrier de l'UNESCO, janvier 1998, https://unesdoc.unesco.org/ark:/48223/pf0000108358

48- États frugaux : Juillet 2020 *Qui sont les pays dits frugaux ?* - Touteleurope.eu, https://www.touteleurope.eu/economie-et-social/qui-sont-les-pays-dits-frugaux/

- https://www.la-croix.com/Monde/Europe/Plan-relance-europeen-veulent-quatre-frugaux-2020-05-27-1201096191>
- HAL open science sur les états frugaux Lors de la crise du COVID en 2020 : https://shs.hal.science/halshs-02956904/document

49- Macron E. :
conférence 10/02/22 Territoire de Belfort 2022_02_nucleaire_belfort.pdf (info.gouv.fr)
https://www.info.gouv.fr/upload/media/default/0001/01/2022_02_nucleaire_belfort.pdf
Reprendre en main notre destin énergétique (où il parle la 1re fois de Sobriété). La phrase en question : « *Le premier grand chantier est de consommer moins d'énergie. En d'autres termes, gagner en Sobriété.* »

50- Rey Olivier, philosophe mathématicien, inspiré de I. Illich (cf. philosophie Magazine de novembre 2022)

51- UNESCO - le courrier de l'UNESCO 1998 : *La Frugalité : un mode de vie ?* – UNESCO Bibliothèque Numérique

- https://unesdoc.unesco.org/ark:/48223/pf0000110425_fre

52- Frugarilla – OCTO - collectif qui explore les numériques essentiels — https://frugarilla.fr/
Frugarilla : le média qui remet le numérique à sa place
Podcast : numériques essentiels 2030

53- Madec Philippe, architecte *Frugalité heureuse* - manifeste - *La Frugalité n'est pas la Sobriété* | Savoir | Topophile
https://topophile.net/savoir/la-frugalite-nest-pas-la-sobriete/

54- Haëntjens Jean, économiste et urbaniste, *La ville frugale*, édition de l'échiquier

55- Sopra Steria l'exploratoire – Jean Leviste Haëntjens (article *Frugalité dans le Numérique*), https://www.soprasterianext.fr/lexploratoire/publications/frugalite-numerique-strategie-viable-horizon-desirable/note-analyse-frugalite-numerique

56- Hebel Pascale, agronome et spécialiste de la consommation - Article, Revue « Constructif » - *Fragmentation des consommateurs autour de la Sobriété* | Cairn.info

https://www.cairn.info/revue-constructif-2021-2-page-24.htm#no2

57- Georgescu-Roegen Nicholas, *The Entropy Law and the Economic Process*, 1971, Harvard Express

58- Helmer Étienne, philosophe (né en 1975-), *Les cyniques : une économie de la Frugalité*, revue de philosophie économique 2014/2 (Vol 15)| Cairn.info

https://www.cairn.info/revue-de-philosophie-economique-2014-2-page-3.htm

59- Socrate, philosophe grec du Ve siècle av. J.-C, connu comme l'un des créateurs de la philosophie morale. À propos de la satiété : livre III des Mémorables, entretien avec Théodoté Xénophon traduit par Eugène Talbot : Mémorables III. (remacle.org)

https://remacle.org/bloodwolf/historiens/xenophon/memorable2.htm

60- Gorz André, Quintard Clément, *S'émanciper du travail*, 2017

61- Radjou Navi : innovation frugale : comment faire mieux avec moins.

« *En pratiquant le jugaad, nous réinventons nos territoires grâce à l'ingéniosité frugale.* » (Navi Radjou) (latribune.fr)

https://www.latribune.fr/economie/france/en-pratiquant-le-jugaad-nous-reinventons-nos-territoires-grace-a-l-ingeniosite-frugale-navi-radjou-967782.html

62- Bee-Yoo - Cabinet de Conseil en RSE et Marketing Durable : Alternatives - Frugalité et Sobriété #AlterNatives - Frugalité et Sobriété Éditoriale : Réduire l'Impact Numérique Écologique sur les Réseaux Sociaux | Bee Yoo (bee-yoo.com)

https://www.bee-yoo.com/alternatives-frugalite-et-sobriete-editoriale-reduire-limpact-numerique-ecologique-sur-les-reseaux-sociaux/

63- Rapport Meadows 1997 : les limites à la croissance dans un monde fini

https://planet-terre.ens-lyon.fr/planetterre/objets/Images/FT08/Club-Rome-Risler.pdf

64- Association Negawatt :

https://negawatt.org/IMG/pdf/sobriete-scenario-negawatt_brochure-12pages_web.pdf

CLEVER, un scénario de transition énergétique pour l'Europe (negawatt.org)

65- Carpenter Edward (1844-1929) : Traité de simplicité volontaire : *Vers une vie simple*, l'Échappée, 1887

66- Borne Élisabeth, première ministre de mai 2022 à janvier 2024 : discours prononcé le 6 octobre 2022 - Elisabeth borne 06102022 plan de sobriété énergétique | vie-publique.fr

https://www.vie-publique.fr/discours/286643-elisabeth-borne-06102022-plan-de-sobriete-energetique

67- Gemmene François, professeur à HEC, politiste et chercheur, auteur principal du GIEC et spécialiste des questions de géopolitique de l'environnement, Chronique Radio du 30/11/23 20 h 45 – France-Info

68- Georgescu-Roegen Nicholas, *Pour une révolution bioéconomique*, par Antoine Missemer – ENS éditions

Extrait :

Nicholas Georgescu-Roegen, pour une révolution bioéconomique - 2. Pour une révolution bioéconomique - ENS éditions (openedition.org)

https://books.openedition.org/enseditions/2297?lang=fr

69- Damon Julien, haut fonctionnaire, sociologue – Article : quand la Sobriété devient un marqueur social-le Point 1er mars 2024 — *Quand la sobriété devient un marqueur de catégorie sociale* (lepoint.fr)

https://www.lepoint.fr/debats/quand-la-sobriete-devient-un-marqueur-de-categorie-sociale-01-03-2024-2553956_2.php?utm_campaign=Page%20Linkedin%20Le%20Point&utm_content=Community%20Management&utm_medium=Social&utm_source=LinkedIn

70- Effet rebond (ou paradoxe de JEVONS (Économiste anglais du 19e qui a établi ce concept) : C'est l'accroissement de l'usage ou de la consommation d'un service ou d'un bien, favorisé par la baisse du prix de revient dudit bien ou service.

Dit autrement, si le coût d'utilisation d'un bien ou d'un service baisse, cette meilleure rentabilité peut inciter l'usager, soit à l'utilisation accrue de ce bien (ou du service), soit au réinvestissement de son économie dans un nouveau bien ou service, générant ainsi un nouveau besoin.

71- Schmid Lucie, cofondatrice de la fabrique écologique, conférence sur : *INTRODUCTION À LA SOBRIÉTÉ : Histoire, généalogie et enjeux* –

https://vod.canal-u.tv/audios/2023/10/LucileSCHMID.mp3

72- Agence Ours - Sarah Fort - novembre 2021 : *Frugalité, Sobriété, de quoi parle -t-on ? Frugalité, Sobriété, de quoi parle-t-on ?* (agence-ours.com)

https://www.agence-ours.com/post/frugalit%C3%A9-sobri%C3%A9t%C3%A9-de-quoi-parle-t-on

73- CHAYGNEAUD-DUPUY Hervé - Blog persopolitique

https://www.persopolitique.fr/1576/frugalite/>

74- CATOIR-BRISSON Marie-Julie, docteur en sciences de l'information et de la communication CV Accueil - Archive ouverte HAL, https://cv.hal.science/marie-julie-catoir-brisson

75- VILLALBA Bruno, professeur de Sciences politiques, *De la sobriété imposée à la sobriété choisie* (reporterre.net), https://reporterre.net/De-la-sobriete-imposee-a-la-sobriete-choisie

76- *Sociologie de l'imaginaire* par les sociologues Legros, Renard, Monneyron, Tacussel, Armand Colin

https://www.dunod.com/sciences-humaines-et-sociales/sociologie-imaginaire

77- Clémentin Bruno et Cheynet Vincent, *Vivre la simplicité volontaire*, Librairie Eyrolles,

- https://www.eyrolles.com/Sciences/Livre/vivre-la-simplicite-volontaire-9782373090734/

78- Débiteurs anonymes Bienvenue à Débiteurs Anonymes France - DA FRANCE (debiteursanonymes.org)

https://debiteursanonymes.org/

79- Capitalistes anonymes Les Capitalistes Anonymes – Ensemble vers la Sobriété

https://lescapitalistesanonymes.org/

80- SEMPELS Christophe, directeur du centre de recherche-action LUMIA, 2023_10_Art_La_Tribune_CA_84f4e15091.pdf (lumia-edu.fr)

- https://source.lumia-edu.fr/uploads/2023_10_Art_La_Tribune_CA_84f4e15091.pdf

81- Montesquieu, *De l'esprit des lois - l'économie de la pauvreté* : le résumé (les-philosophes.fr),

- https://www.les-philosophes.fr/montesquieu/esprit-des-lois/philosophie.html

82- Bal François, ancien directeur de l'Office chrétien des personnes handicapées (O.C.H.), *Notre terre, éloge de la frugalité*, Éditions Artège (editionsartege.fr)

https://www.editionsartege.fr/product/121284/notre-terre-eloge-de-la-frugalite/

83- Low-tech, définition par Philippe Derouette : La Low-Tech ou Lowtech est un ensemble de technologies simples, appropriées, peu sophistiquées, économe en énergie.

La Low-tech est un moyen sobre qui propose des solutions robustes accessibles et économiques – elle fait partie de l'économie des moyens. Elle est particulièrement adaptée pour répondre à des problématiques simples, émanant de besoins essentiels.

84- Exemple de qualités d'un régime alimentaire frugal : Le régime Okinawa pour vivre 100 ans – Anjayati, https://anjayati.com/le-regime-okinawa-pour-vivre-100-ans/

85- « besoin essentiel », une définition donnée par Philippe Derouette : réduire un besoin à une seule caractéristique et la tenir pour essentielle.

86- *L'empreinte environnementale du Numérique mondial*, 2019-10-GREENIT-etude_EENM-rapport-accessible.VF_.pdf,https://www.greenit.fr/wp-content/uploads/2019/10/2019-10-GREENIT-etude_EENM-rapport-accessible.VF_.pdf

87- Université Paris – Dauphine : Cours sur la société de consommation et la sobriété pour lutter contre les externalités négatives, societe_de_consommation.pdf_(psl.eu)

https://dauphine.psl.eu/fileadmin/mediatheque/Cours_-_Les_enjeux_ecologiques_du_21e_siecle/Lec__on_11.La_socie__te__de_consommation.pdf

88- INR (Institut du numérique responsable) Think Do Tank : https://institutnr.org/

89- Tempier Élisabeth, économiste, spécialiste de la Prud'homie des pêcheurs méditerranéens – fondatrice de la revue et de l'association « l'encre de mer », Pour un développement solidaire et durable sur notre planète (l-encre-de-mer.fr) https://l-encre-de-mer.fr/

Prud'homie : un modèle de gestion des usages pour l'avenir : document (hal.science) https://hal.science/hal-03407555/document

Pêcheurs de la prud'homie de méditerranée : https://youtu.be/6wcpGpR9sSc

90- Cyrulnik Boris, neuropsychiatre, *Les Deux visages de la résilience – Contre la récupération d'un concept*, Odile Jacob

91- Mouvement des gilets jaunes en France né en novembre 2018. Il perd de sa vigueur au moment où le coronavirus est révélé en mars 2019 : Mouvement des Gilets jaunes — Wikipédia (wikipedia.org)
https://fr.wikipedia.org/wiki/Mouvement_des_Gilets_jaunes

92- Abgrall Matthieu, docteur en histoire ancienne, nous éclaire sur la pensée de Jean-Jacques ROUSSEAU (1712-1778 - écrivain et philosophe), notamment au travers de l'une de ses œuvres : *Du contrat social*

Rousseau et la frugalité (institut-rousseau.fr) https://institut-rousseau.fr/rousseau-et-la-frugalite/

93- Univers 25 : expérimentation sur le comportement de rongeurs à qui l'on offre l'opulence, le confort, la sécurité- les effets de l'abondance infinie sur un groupe de mammifères ; livre : *Rat City : Overcrowding and Urban Derangement in the Rodent Universes*, John B. Calhoun

94- Labrecque Philippe, auteur et journaliste canadien, article : *L'abondance, le problème du 21e siècle ?* - Les Affaires

https://www.lesaffaires.com/opinions/labondance-le-probleme-du-21e-siecle/

95- Keucheyan Razmig, sociologue, et Durand Cédric, économiste, *Comment bifurquer, les principes de la planification écologique*, Éditions la Découverte

REMERCIEMENTS

Je tiens particulièrement à remercier :

Tout d'abord, ma femme Isa, pour sa discrète patience face à ma (nouvelle) lubie d'écrire.

Mon Papa Dominique, avec qui j'ai sans doute le plus échangé sur ces concepts philosophiques.

Ma grande « petite sœur » Pascale, qui m'a conté il y a plusieurs dizaines d'années sa démarche de frugalité en tant qu'ermite, que je comprends nettement mieux aujourd'hui.

Mes amis Fabienne, Jean-François, David et Dom, avec lesquels j'ai beaucoup échangé et qui m'ont toujours soutenu.

Patricia, pour ses conseils avisés en composition graphique.

Et aussi : Abel, Vincent C., Rémy M., Doralie, Cécile pour leur avis éclairé et leur soutien.

Un remerciement tout spécial à Marc Baconnet, agrégé des lettres et écrivain, qui a spontanément accepté de me relire et de me corriger et à Karine Lavallée-Luminet, correctrice professionnelle sans qui cet essai n'aurait sans doute pas vu le jour.

Aucun agent conversationnel utilisant l'intelligence artificielle n'a contribué à cet essai.

TABLE DES MATIÈRES

AVANT-PROPOS **5**

INTRODUCTION **7**

FAIRE FACE AU CONTEXTE SOCIO-ÉCONOMIQUE 7
Modérons nos ambitions : Un développement socio-économique qui explose *7*
Une situation économique, écologique et sociale qui inquiète *9*
FRUGALITÉ ET SOBRIÉTÉ ONT TENDANCE À SE CONFONDRE 10
Le terme sobriété est devenu polysémique *11*
La sobriété : du sens moral à la réflexion écologique *12*
SÉPARATION DES CONCEPTS DE « FRUGALITÉ » ET DE « SOBRIÉTÉ » 12
La frugalité et la sobriété agissent sur des domaines disjoints *13*
Réconcilier les deux concepts *14*
POURQUOI CET ESSAI ? 15
Objectifs de cet essai *16*
Interprétations nuancées de la sobriété et frugalité *17*
PLAN 18

I LA FIN ET LES MOYENS, THÉÂTRE DES DÉCISIONS ET DES OPÉRATIONS **21**

DU DÉSIR AUX BESOINS ESSENTIELS 21
Au commencement était le désir *21*
Tentative de ciblage des besoins fondamentaux de l'être humain *22*
Du désir au besoin *22*
Le mythe du désir infini *23*
L'existence de besoins essentiels universels ? *24*
Distinguer l'essentiel du superflu *24*
ÉCONOMIE DES BESOINS/ÉCONOMIE DES MOYENS 25
Économie des besoins *25*
Économie des moyens *25*
Un moyen pour une fin *26*

Interactions entre la fin et les moyens 27
Risques inhérents à la catégorisation : fin versus moyens .. 27
Relation formelle entre la fin et des moyens 28
Des approches de la fin et des moyens qui convergent 28
Résumons-nous 30
SCHÉMA DE SYNTHÈSE SUR LE CHAPITRE « FIN ET MOYENS » 32

II LA FRUGALITÉ, RECHERCHE DU BESOIN ESSENTIEL 33

LES RACINES DE LA FRUGALITÉ 33
Origine du terme « frugalité » 33
La frugalité : qu'est-ce que c'est ? 34
Ne pas confondre frugalité volontaire et parcimonie forcée. 34
COMPRENDRE LA FRUGALITÉ : LA PHILOSOPHIE NOUS ÉCLAIRE 35
La frugalité, émanation de la philosophie épicurienne 35
La frugalité, une arme politique des Romains de l'Antiquité à nos jours 35
Dimension éthique 36
Pourquoi aller jusqu'à la frugalité ? 36
LA FRUGALITÉ : UNE DÉMARCHE PERSONNELLE ET PHILOSOPHIQUE 38
La frugalité : une question d'équilibre 38
La frugalité : ni sacrifice ni renoncement 39
Quand la frugalité devient synonyme de libération 39
La frugalité, une quête de soi 40
La frugalité, cet objet difficile à manier 40
De la difficulté de se réfréner 41
La frugalité ouvre d'autres voies 41
Frugalité : un exemple de qualité, de tranquillité et de longévité 42
Donner un sens à sa vie 42
LA FRUGALITÉ : UNE APPROCHE PAR LA SIMPLICITÉ 43
La simplicité, une arme pour réduire les déficits 44
La réussite d'un projet : un besoin simple et des moyens ajustés 44
La simplicité, un thème de campagne en politique 44
L'attrait du minimalisme 45
LA FRUGALITÉ SOUS L'ANGLE (D'UNE FORME) D'ABONDANCE 46
Notion d'abondance frugale 46
L'abondance : une notion qui évolue 47
Deux exemples antiques de la gestion d'abondance 47

De la pénurie à l'abondance, le problème reste entier 49
L'abondance de biens peut être fatale 51
Abondance frugale : oxymore ou pas ? 52
Les initiatives en lien avec la frugalité 53
Le retournement d'un concept vertueux 53
Quelques initiatives et actions qui ont trait à la frugalité ... 53
Cas où le champ sémantique de sobriété/frugalité varie ... 55
Quelques mouvements à travers le monde en lien avec la modération 56
La ville frugale vue par un urbaniste 58
Dérivés ou alternatives à la frugalité 59
Satiété 59
Frugalisme 60
Innovation frugale 61
La frugalité confrontée au monde réel 62
Comment déterminer ce qui est frugal et ce qui est sobre ? 62
La frugalité face à la croissance 64
Et si la frugalité n'était qu'une utopie ? 65

III La sobriété, les moyens sobres de la réalisation 69

Les contours de la sobriété 69
Origine de la sobriété 69
Sobriété : des contre-pouvoirs au pouvoir gouvernemental 70
Quels en sont les moyens ? 70
Les axes majeurs de la sobriété 71
Cap sur l'écologie 71
La sobriété et la technologie font-elles bon ménage ? 72
La science au service des changements sociaux 73
La réduction des moyens nuit-elle à la qualité ? 73
Plan de sobriété : dispositif écologique ou arme économique et politique 74
Plan de sobriété volontaire : vraiment ? 74
Plan de sobriété énergétique détaillé 75
Plan de sobriété ou plan d'austérité ? 76
Un élan vers la sobriété 76
L'acceptation de la sobriété 76
L'émulation vers la sobriété 77
Les risques liés à la sobriété 79
Risque de détourner la sobriété 79

Risque d'une modération uniquement axée sur les moyens 79
Prémices d'une aporie 80
Quand la sobriété devient un marqueur de catégorie sociale 81
SOBRIÉTÉ OPTIMALE SI BESOIN ESSENTIEL 82
LA PERCÉE DE LA SOBRIÉTÉ PAR UN ACTEUR INATTENDU 83
Les effets contre-productifs de l'injonction à être sobre 84
LA TENTATION D'UNE SOBRIÉTÉ « DYNAMIQUE » 85
Sobriété « dynamique » compatible avec la croissance ? ... 86
Sobriété et productivisme 86

IV LE TANDEM FRUGALITÉ-SOBRIÉTÉ, LES OBJECTIFS EN ACTION 89

RAPPROCHER LES QUALITÉS DE LA SOBRIÉTÉ ET DE LA FRUGALITÉ 89
IL NE S'AGIT (SURTOUT) PAS D'OPPOSER LA FRUGALITÉ ET LA SOBRIÉTÉ 90
LES DIFFÉRENCES ESSENTIELLES ENTRE LA FRUGALITÉ ET LA SOBRIÉTÉ 92
DE L'IMPORTANCE DE LA FRUGALITÉ POUR ATTEINDRE LA SOBRIÉTÉ 95
LES EFFETS D'UNE APPROCHE AXÉE SUR LES BESOINS OU SUR LES MOYENS 96
Risques d'une démarche axée uniquement sur les moyens 96
Bénéfices attendus d'une approche par les besoins 97
QUELS SONT LES LEVIERS DE SOBRIÉTÉ ACTIONNABLES DANS L'ÉCONOMIE DES MOYENS ? 98
RÉSUMÉ DE L'ESSAI PAR UN EXEMPLE INSPIRÉ PAR L'ACTUALITÉ RÉCENTE . 99
LE DUO GAGNANT : FRUGALITÉ/SOBRIÉTÉ 100

CONCLUSION 101

RAPPELS DES PRINCIPALES ÉTAPES 101
LES GRANDS PRINCIPES EN SYNTHÈSE 102
La frugalité et la sobriété se conjuguent pour atteindre la modération 102
La frugalité : un outil pour enrayer le marasme 102
Ordre de préséance : la frugalité d'abord 102
La bonne démarche : raisonner par les besoins 103
Risque d'aborder la sobriété sans démarche préalable de frugalité 103
Imposer la sobriété/Susciter la frugalité 105
PROJECTIONS DANS LE FUTUR 106
Ouverture 1 : Rendre la frugalité attractive pour un déploiement à grande échelle 106

Ouverture 2 : projet de mise en application des concepts de frugalité et de sobriété dans des applications numériques à travers la low-tech[83] *108*
Ouverture 3 : projet – l'apport de l'I. T. (technologies de l'information) dans la régénération écologique et sociale *108*
Ouverture 4 : Construire un projet de société *109*
LA FRUGALITÉ, POUR EFFACER LES DIFFÉRENCES 110
Un mode de vie frugal pour effacer la misère *110*
Seule la frugalité peut nous rendre tous égaux *111*
Les conditions de la frugalité selon Jean-Jacques Rousseau *112*
Les sciences humaines et sociales entrent en scène *113*
À la fin, c'est le bonheur que l'on recherche *115*
Le rendez-vous manqué des politiques en France *115*
RÉFÉRENCES - NOTES 117
REMERCIEMENTS 127

Structures éditoriales du groupe L'Harmattan

L'Harmattan Italie
Via degli Artisti, 15
10124 Torino
harmattan.italia@gmail.com

L'Harmattan Hongrie
Kossuth l. u. 14-16.
1053 Budapest
harmattan@harmattan.hu

L'Harmattan Sénégal
10 VDN SICAP AMITIE 3
BP 45034 Dakar-Fann
direction@senharmattan.com

L'Harmattan Cameroun
Tsinga/Derrière polyclinique FECAFOOT
BP 11486 Yaoundé
Jacques.koukam@harmattan.fr

L'Harmattan Burkina Faso
Villa 281, secteur 23 623, rue 14.32
Ouagadougou
zagbie@outlook.fr

L'Harmattan Guinée
Almamya, rue KA 028 OKB Agency
BP 3470 Conakry
harmattanguinee@yahoo.fr

L'Harmattan RDC
185, avenue Nyangwe
Commune de Lingwala – Kinshasa
matangilamusadila@yahoo.fr

L'Harmattan Congo
219, avenue Nelson Mandela
BP 2874 Brazzaville
deunovmikhael@gmail.com

L'Harmattan Mali
Immeuble Mgr Jean Marie Cissé
Aci Hamadallaye
BP 145 Bamako
syllaka@yahoo.fr

L'Harmattan Togo
Djidjole – Maison Amela
face EPP BATOME
02 BP 20680 Lomé
didieramela11@gmail.com

L'Harmattan Côte d'Ivoire
Résidence Karl – Cité des Arts
Abidjan-Cocody
03 BP 1588 Abidjan
harmattan.ivoire@gmail.com

L'Harmattan Bénin
Rue 604, (Immeuble à l'entrée
de la rue UCAO- Cite de Saint-Jean)
Cotonou
stepcorpus@gmail.com

Nos librairies en France

Librairie internationale
16, rue des Écoles
75005 Paris
librairie.internationale@harmattan.fr
01 40 46 79 11
www.librairieharmattan.com

Librairie des savoirs
21, rue des Écoles
75005 Paris
librairie.sh@harmattan.fr
01 46 34 13 71
www.librairieharmattansh.com

www.ingramcontent.com/pod-product-compliance
Lightning Source LLC
LaVergne TN
LVHW051354061026
849535LV00009B/3171
* 9 7 8 2 3 3 6 5 5 6 1 9 2 *